L'IMPOSTEUR MAGNANIME

DRAME EN QUATRE ACTES

L'IMPOSTEUR MAGNANIME

PERKIN WARBECK

Drame en quatre actes

PAR

GEORGES EEKHOUD

BRUXELLES
Imprimerie Scientifique Charles BULENS, Editeur
75, rue Terre-Neuve, 75

1902

L'IMPOSTEUR MAGNANIME

PERKIN WARBECK

Drame en quatre actes

PAR

GEORGES EEKHOUD

BRUXELLES
Imprimerie Scientifique Charles BULENS, Editeur
75, rue Terre-Neuve, 75
—
1902

A mes amis Eugène et Claire DEMOLDER

PERSONNAGES :

PERKIN WARBECK ou RICHARD D'YORK.
CATHERINE GORDON.
LE COMTE D'OXFORD.
HENRI VII, roi d'Angleterre.
ÉTIENNE FRION.
FRANS DE BRUXELLES.
L'ÉVÊQUE DE DURHAM.
LORD DALYELL.
JACQUES IV, roi d'Ecosse.
LORD HUNTLEY.
LORD DOUGLAS.
LAMBERT SIMNEL.
PREMIER SEIGNEUR ÉCOSSAIS.
DEUXIÈME SEIGNEUR ÉCOSSAIS.
TROISIÈME SEIGNEUR ÉCOSSAIS.
LA COMTESSE BALIOL.
PREMIÈRE JEUNE FILLE NOBLE ÉCOSSAISE.
DEUXIÈME JEUNE FILLE NOBLE ÉCOSSAISE.
TROISIÈME JEUNE FILLE NOBLE ÉCOSSAISE.
UN MOINE.
UN SHÉRIFF.
LE BOURREAU.

Dames, seigneurs, pages, gardes, moines, apprentis, femmes du peuple, aides-bourreaux. L'action se passe en 1497.

PREMIER ACTE

PREMIER ACTE

A Edimbourg. Une salle dans le château du roi d'Ecosse Jacques IV. La veillée de la Saint-Valentin (13 février). Les bûches crépitent dans l'âtre autour duquel des filles d'honneur travaillent à des tapisseries ou à d'autres ouvrages. Quelques-unes chiffonnent des rubans dont elles font des fleurs artificielles ; d'autres brodent des devises ou des emblèmes sur des écharpes. De jeunes seigneurs, les uns en costume national, mais la plupart vêtus aux modes françaises de la fin du règne de Charles VIII (bragards, freluquets, gorriers), devisent entre eux, ou fleurettent penchés sur l'ouvrage des belles, accoudés au dossier de leurs sièges. Catherine Gordon, un peu à l'écart de ses compagnes et plus rapprochée des spectateurs, travaille silencieuse, d'abord indifférente à ce qui se passe autour d'elle. Pendant que le rideau se lève, bruissement et fusée de rires féminins, puis reprise des caquets.

SCÈNE Ire

CATHERINE GORDON, LA COMTESSE BALIOL, SEIGNEURS ET DAMES

PREMIÈRE DAMOISELLE (courtisée par un freluquet blond)

... Comment je le vois? Grand, noir et brun, comme un Italien...

LE DAMOISEAU BLOND (avec un dépit comique)

Ah! la coquette... la volage!... l'infidèle!...

DEUXIÈME DAMOISELLE (recherchée par un chef de clan basané et moustachu)

Et moi je l'ai vu tout rose, tout blond, à peine le duvet sur la lèvre.

LE SEIGNEUR BASANÉ (avec une compassion ironique)

Le mignon!... Il avait déteint sans doute et on vous l'avait épilé.

TROISIÈME DAMOISELLE

C'est un géant qui m'est apparu à moi, chevelu comme un Allemand du Saint Empire...

TROISIÈME DAMOISEAU (qui répond à ce signalement se présente avec une révérence)

Alors c'est de moi que vous avez rêvé, comtesse...

TROISIÈME DAMOISELLE (rieuse)

Le vilain fat !

PREMIÈRE DAMOISELLE (à une autre un peu marquée)

Et vous ma chère Baliol, ne nous ferez-vous pas le portrait de votre Valentin ?

LA COMTESSE BALIOL (sèche, importunée)

Moi !... Il ne m'est apparu personne.

DEUXIÈME DAMOISELLE

Vous n'aurez point voulu voir !

TROISIÈME DAMOISELLE

Sans doute... Car il ne tiendrait qu'à notre aimable Baliol de conjurer un épouseur...

PREMIÈRE DAMOISELLE

Nos paysannes du comté d'Ayr connaissent des moyens infaillibles pour faire apparaître le rustre qui leur est destiné...

Seulement, le charme n'opère que dans la nuit qui précède la Toussaint...

DEUXIÈME DAMOISELLE

N'importe? Dis-nous ton enchantement...

LE SEIGNEUR BASANÉ

Vous n'avez donc pas encore vu votre fiancé?

DEUXIÈME DAMOISELLE (taquine)

Oui!.. Mais je pourrais m'être trompée...

PREMIÈRE DAMOISELLE

Au moment de vous mettre au lit vous vous approchez de votre miroir en croquant une pomme, et une chandelle allumée à la main... Le visage de votre prétendu ne tarde pas à apparaître au-dessus du reflet de votre épaule... (à la Baliol). Essayez...

TROISIÈME DAMOISELLE (même jeu)

Prenons que vous ayez déjà fixé votre choix et que vous désiriez savoir si l'élu de votre cœur répondra à votre tendresse. Jetez dans l'âtre deux noix auxquelles vous aurez donné votre nom et celui de l'époux rêvé. Si les deux noix se consument simultanément et rapprochées l'une de l'autre, votre vœu sera exaucé. Au contraire si le crépitement des tisons les sépare, vous aurez espéré en vain. Je tiens ce secret de ma nourrice, une montagnarde du pays des lacs... Messire Mac Grégor, vous êtes aussi de là-bas. N'est-ce pas ainsi? (1)

LE SEIGNEUR BASANÉ

Parfaitement, miss Ellenore...

LA BALIOL (dépitée)

Des sornettes! Que ne recommandez-vous vos *hocus pocus* à la princesse Catherine Gordon?

(1) Ces diverses recettes sont données par le poète écossais Robert Burns, dans *Halloween*.

PREMIÈRE DAMOISELLE

Mais, non!... Ce ne sont point les poursuivants qui manquent à la princesse...

DEUXIÈME DAMOISELLE

Elle n'a que l'embarras du choix.

LA BALIOL

Elle les décourage tous.

PREMIÈRE DAMOISELLE

Les inconvénients d'une naissance illustre... Une princesse ne peut épouser comme nous autres simples filles de qualité, le premier seigneur venu,... n'est-ce pas mylord?

(Au gentilhomme qui lui fait la cour.)

LE SEIGNEUR BLOND (en protestant pour rire)

Le premier seigneur venu? Quel dédain!

LA BALIOL

C'est égal. Si elle ne se décide, la fière princesse Catherine risque bien de coiffer sa sainte patronne.

PREMIÈRE DAMOISELLE (avec intention)

Notre charitable Baliol pourrait réserver sa sollicitude pour de moins jeunes filles que Madame Catherine... D'autres déjà sont en train de coiffer la grande Sainte... Puis, voyons, épouseriez-vous ce comte d'Oxford ?

LA BALIOL

L'ambassadeur d'Angleterre ? C'est un grand seigneur, un courtisan de fière mine et, paraît-il, le favori de son roi.

PREMIÈRE DAMOISELLE

Possible !... Mais fût-il le favori de l'empereur, voire du pape de Rome que je ne le trouverais pas plus aimable pour cela...

DEUXIÈME DAMOISELLE

Ni moi !

TROISIÈME DAMOISELLE

Ni moi... Mais voici un autre des soupirants de la princesse.

(Entrent Huntley et Dalyell.)

LA BALIOL (désignant Dalyell)

Pauvre garçon!... Jamais on ne vit amoureux si transi!

PREMIÈRE DAMOISELLE (lançant une œillade malicieuse à son prétendu)

Ma foi... Quant à celui-là je n'aurais pas dit non.

LE DAMOISEAU BLOND

Ne vous gênez plus... Voulez-vous que je lui cède la place?

(Eclats de rire, puis la conversation reprend en sourdine; les jeunes filles regardant Dalyell à la dérobée, donnent à supposer qu'il est le sujet de leurs chuchotements.)

SCÈNE II

LES PRÉCÉDENTS; LORD HUNTLEY, LORD DALYELL

HUNTLEY (amenant Dalyell par le bras)

Nous y voici... Eh bien, mon garçon, tu ne devines pas encore pourquoi je t'ai entraîné en ce lieu?

DALYELL

Je vous avoue mon ignorance, mylord.

HUNTLEY

Voilà bien nos amoureux. Ils ignorent le premier mot de ce qu'il leur importerait de savoir... Apprends que c'est ce soir la veille de la Saint-Valentin...

DALYELL

Ah!...

HUNTLEY

Tu commences à comprendre? C'est donc cette nuit que les jeunes filles engagent leur foi. Elles ont même le droit de se déclarer à celui qu'elles aiment... Regarde autour de toi. Plusieurs de tes amis sont en train de se recommander à la préférence de la dame de leurs pensées... Allons, courage!... Catherine est seule... C'est le moment de lui parler...

DALYELL

Je n'oserai jamais... Elle si fière, si grande dame, la propre cousine du roi!... Elle qui a refusé les plus brillants partis du royaume!... Comment pourrait-elle écouter un simple cadet de famille?

HUNTLEY

Dire que ce soldat, ce capitaine qui fit ses preuves, tremble devant deux beaux yeux!... Tu es de bonne maison, de caractère irréprochable. Le roi, mon neveu, te veut du bien. Moi-même je t'affectionne déjà comme mon propre enfant. N'es-tu pas le fils de mon vieil ami qui combattit à mes côtés sous Louis XI et qui mourut en me défendant?... Je me fais fort d'obtenir le consentement de notre maître à ce mariage. Il ne te reste donc qu'à plaire à ma fille... Allons, par saint Valentin, poussons notre pointe; fais-lui ta révérence, et tout à l'heure, au moment où s'ouvrira le bal si elle te remet une fleur, un ruban ou un autre gage, sois bien persuadé, qu'elle aura répondu à mon vœu le plus cher... Dépêche-toi, te dis-je, car voilà le comte d'Oxford (Oxford est entré par le fond de la salle; il salue, s'avance lentement, s'arrête de groupe en groupe) qui se montrera peut-être plus entreprenant. (Dalyell ayant eu un mouvement d'impatience, Huntley lui met la main sur l'épaule) Oh, rassure-toi; il n'a guère de chance, lui! Il est aussi antipathique à ma fille qu'à moi-même; mais, va toujours, car il pourrait l'accaparer et l'importuner de ses madrigaux.

(Sur ces entrefaites Oxford s'est, en effet, porté vers Catherine, Dalyell se hâte de le prévenir: au même moment Douglas fait irruption dans la salle et, tout affairé, les prenant tous deux par le bras, il les ramène sur le devant de la scène.

SCÈNE III

Les Précédents; OXFORD, DOUGLAS

DOUGLAS

Des nouvelles !... De grandes nouvelles !

(Les dames se sont levées, sauf Catherine. L'assistance entoure avec curiosité le nouvel arrivant.)

LES DAMOISELLES (presque à la fois)

Eh ! quoi donc ?

DOUGLAS (à Huntley)

Vous même, mylord, n'êtes pas au courant?

HUNTLEY

Ma foi, je ne sais ce que vous voulez dire...

DOUGLAS

Au fait l'événement ne remonte qu'à un quart d'heure et c'est par hasard que j'en ai eu connaissance...

Enfin, au risque d'être indiscret je vous apprendrai qu'il est arrivé...

LES DAMOISELLES

Il ? Qui cela ?

DOUGLAS

Qui cela? Mais lui, le seul, l'unique, le merle blanc, celui qui absorbe depuis des mois l'attention du continent et de nos îles, celui qui fait travailler toutes les langues et toutes les imaginations, le prétendant, le duc d'York, le soi-disant fils d'Edouard, enfin!...

OXFORD

Quoi ! Cet aventurier flamand serait ici!... Ah! c'est pousser loin l'audace! Et je suppose que votre maître l'aura fait chasser ignominieusement, à moins qu'il ne préfère nous le livrer...

DOUGLAS

Il ne fera ni l'un ni l'autre... Au contraire il l'a reçu en parfaite courtoisie.

OXFORD

Quelle inconséquence !

PREMIÈRE DAMOISELLE

Le prétendant est donc en ce château ? Que je voudrais le voir !

DEUXIÈME DAMOISELLE

Et moi !

TROISIÈME DAMOISELLE

Et moi !

DOUGLAS

Votre curiosité sera satisfaite. On prête à notre gracieux maître l'intention de vous le présenter ce soir même...

OXFORD

De mieux en mieux !

PREMIÈRE DAMOISELLE

Qu'il soit le bienvenu!... Mais, Douglas, vous lui avez parlé, vous l'avez vu tout au moins? Comment est-il?

DOUGLAS

Peuh!... Je n'ai fait que l'entrevoir ..

PREMIÈRE DAMOISELLE

Assez pour nous en donner une idée... Est-il aussi jeune que le proclame la renommée?

DEUXIÈME DAMOISELLE

Blond ou brun?

LA BALIOL

Garçon?

PREMIÈRE DAMOISELLE

Aimable?

DOUGLAS

Ah! Vous m'en demandez trop... Il m'a semblé un freluquet d'assez bonne mine...

DEUXIÈME DAMOISELLE

D'assez bonne mine! Mais on le dit beau comme un prince de conte bleu...

OXFORD (à part)

Quelque menin de taverne sur les quais de Bruges ou d'Anvers, chargé de recurer les dalles après les orgies des matelots...

LA BALIOL

Mais au bout du compte d'où sort-il ce beau prétendant? Il n'est pas tombé de la lune.

DOUGLAS

C'est Madame Marguerite d'York, duchesse douairière de Bourgogne, qui l'aurait déniché dans une obscure petite ville de Flandre... quelque chose comme Courtrai, non Tournai... et reconnu d'emblée pour son neveu.

PREMIÈRE DAMOISELLE (à Oxford)

Voilà qui prête quelque crédit à ses prétentions et qui justifie la conduite de notre roi. Que vous en semble, mylord ?

OXFORD

Pourvu que votre roi n'ait pas lieu de se repentir de sa générosité ! Il en adviendra de ce pendard comme des deux autres imposteurs subornés par Madame Marguerite.

DOUGLAS

Pourtant notre hôte a été reconnu par le roi de Portugal, accueilli et hébergé par le roi Charles de France, à Paris, où il fut la coqueluche de toutes les dames et le vainqueur dans plus d'un tournoi. L'Irlande s'est soulevée en sa faveur. N'a-t-il pas accompagné le roi des Romains aux funérailles de l'empereur Frédéric III, et n'assistait-il pas au sacre de ce même Maximilien d'Autriche ? Un moment on perdit sa trace : il avait passé comme un éblouissant météore... Il se trouva plus tard qu'il était retourné en Flandre afin d'y préparer une descente sur les côtes d'Angleterre...

OXFORD

En effet, il débarqua dans le comté de Kent à la tête d'une traînée de soudrilles et de va-nu-pieds raccolés dans les bas-fonds de Bruxelles et de Gand. Mais il se fit rosser et je doute fort qu'il se frotte encore à nous.

DOUGLAS

C'est ce qui vous trompe, mylord... Avec l'appui du roi de France, de l'empereur d'Allemagne et d'autres princes encore, il se propose de tenter de nouveau l'aventure...

OXFORD

Ouais? Je ne lui conseille pas de recommencer. Il sera encore mieux reçu que la première fois... Et pourvu qu'il ne se fasse pas prendre, car son trône est tout préparé à Tyburn... Ah, il veut aller haut, le garçon, eh bien, nous le mènerons si haut qu'il pourra garder les moutons à la lune. (Murmures et marques de désapprobation générale, on s'écarte de lui) Hé! Quelle sympathie pour ce maraud... (à Catherine :) Vous, au moins, princesse, ne partagez pas la déraisonnable partialité de ces damoiselles?

CATHERINE (toujours assise, relevant la tête, sur un ton extatique)

Moi, mylord?... Il m'est doux de croire que l'un au moins des deux innocents petits princes ait échappé aux assassins. Et, en ce cas, je fais des vœux ardents pour que Dieu le protège et lui rende son trône.

LES DAMOISELLES

Et nous aussi nous le souhaitons de tout cœur.

OXFORD

Je ne vous en fais pas mon compliment.

LA BALIOL (à Oxford qu'elle seule semble approuver et dont elle s'efforce d'attirer l'attention par des minauderies et des grâces)

Mylord, voilà peut-être le prince attendu par la princesse Catherine. (Un mouvement s'est produit au fond de la salle. Deux pages écartent les portières; l'un d'eux annonce : « Le Roi! » (Jacques IV entre avec Perkin Warbeck, suivi d'Etienne Frion et de Frans de Bruxelles.

SCÈNE IV

Les Précédents : JACQUES IV, PERKIN WARBECK, FRION, FRANS DE BRUXELLES

JACQUES

A vous tous, damoiselles et chevaliers, nous avons grand plaisir de présenter notre cousin Richard, duc d'York, que nous adresse sa tante Madame la douairière de Bourgogne. Notre désir est que vous lui fassiez accueil comme à notre hôte et aimé parent...

OXFORD (à part)

Ce jeune roi s'aventure comme un étourneau dans la plus sotte des entreprises.

WARBECK

Ma profonde gratitude vous soit acquise, ô gentil roi, ainsi qu'à cette illustre assemblée. Mon enfance ayant été préservée, comme par miracle, d'un attentat homicide, je fus élevé dans l'obscurité, puis rappelé sur la scène du monde par la protection d'une puissante princesse. Toutefois mon exil n'a pas encore cessé et, en attendant de recouvrer mon héritage, j'erre d'une rive à l'autre, suivant les caprices de ma fortune. Si j'ai connu des jours de deuil, j'en ai vécu de bien consolants. Plus d'une fois les plages où j'abordais me furent si maternelles qu'il me semblait enfin avoir jeté l'ancre au pays natal. Mais depuis ces blondes contrées de Brabant et de Flandre où s'écoula ma première jeunesse, je n'avais jamais salué ciel aussi radieux et d'aussi consolant augure que celui de votre hospitalière Ecosse... Et, en ce moment, il me semble retrouver dans les yeux de ces nobles dames, l'azur de ce ciel encore plus caressant et plus attendri...

(Murmures de sympathie dans l'assemblée.)

OXFORD (à part)

Le drôle a la langue melliflue!

(Présentations. Lorsque Warbeck mené par le roi passe devant Oxford, celui-ci s'incline avec hauteur, presque avec provocation: il toise plutôt qu'il ne salue le prétendant. Le roi conduit Warbeck auprès de Catherine qui s'est levée dès le commencement de cette scène.)

JACQUES

La princesse Gordon, notre cousine... (Warbeck s'incline devant Catherine et demeure quelque temps sur place. Les jeunes gens échangent un long regard d'amour. Leur trouble n'échappe pas au roi qui le surprend avec une visible satisfaction. Le roi entraîne Warbeck Au moment de passer avec lui et leur suite dans une autre salle, il avise Huntley :) Mylord Huntley... Veuillez nous suivre, nous avons à vous entretenir.

SCÈNE V

Les précédents moins JACQUES IV, PERKIN WARBECK, FRION, FRANS DE BRUXELLES et LORD HUNTLEY

LES DAMOISELLES

Oh ! le joli prince !

OXFORD

Un prince? Vous voulez dire un larron, un ribaud, une fleur de tapis franc.

(Murmure réprobateur. Cette fois on ne se contente pas de s'écarter d'Oxford ; d'aucuns lui tournent le dos.)

PREMIÈRE DAMOISELLE

On ne l'avait pas flatté... Et Douglas qui lui accordait assez bonne mine... Mais il est exquis ce petit prince... Il a grand air..

DEUXIÈME DAMOISELLE (extatique)

Les dehors d'un esprit céleste banni du chœur des séraphins en expiation d'un péché très véniel...

OXFORD

Peuh! Vous n'êtes pas difficiles. Je lui trouve au contraire l'encolure d'un bélître.

LA BALIOL (à Oxford)

La princesse n'a encore rien dit...

(Catherine est restée debout, la main au dossier de sa chaise, rêveuse.)

OXFORD (à Catherine, insinuant)

N'est-ce pas votre avis, princesse?

CATHERINE (émue)

Je me tais.

OXFORD

Je vous comprends à mi-mot... Ce jeune bragard n'a pu que vous déplaire...

CATHERINE (de plus en plus troublée)

N'insistez pas, mylord...

OXFORD

J'insiste, au contraire, car le jugement d'une personne de votre sagesse et de votre caractère présente une importance extrême... Peut être empêcherez-vous vos charmantes mais trop légères compagnes de se laisser aller à un fol engouement. Il est temps qu'un mot de raison prémunisse les seigneurs de cette cour eux-mêmes, contre des entraînements irréfléchis... Oui, il importe surtout qu'en parlant vous empêchiez votre jeune roi de frayer un moment de plus avec ce prince interlope.

CATHERINE (décidée, s'exaltant à mesure qu'elle parle)

Eh bien, non... Vous vous méprenez sur mon silence... Puisque vous voulez absolument connaître ma pensée, apprenez, mylord, que je partage tout à fait les sentiments de ces dames et de ces chevaliers, et que j'applaudis aux actes de mon roi... Si les paroles déguisent parfois la vérité, la voix même ne saurait mentir. Or, le simple discours de ce jeune étranger m'est allé jusqu'à l'âme, tant j'y sentais s'exhaler la sienne. C'était comme si ses malheurs eussent fait partie de ma propre expérience. En l'écoutant, il me semblait que nous poursuivions le même but... que mon sort se confondait avec son destin... Et, pour vous ouvrir tout mon cœur, si j'étais homme, j'épouserais aussitôt sa cause...

OXFORD (ricanant)

Et, comme vous êtes femme, c'est lui-même que vous épouseriez !

DALYELL (à part)

Elle l'aime !... O mon rêve s'écroule !

CATHERINE

Il me touche déjà de si près que, s'il avait failli, s'il s'était déshonoré, en un mot, comte d'Oxford, s'il était tout ce que vous pensez de lui, je serais honteuse et désespérée, comme si moi-même j'avais été infâme !

(Mouvement.)

LA BALIOL (à part)

Parlez-nous de ces mijaurées... Une fois parties, bien rapide celui qui les rattrapera !

OXFORD

O princesse!... C'est vous qui parlez ainsi!

CATHERINE

Vous l'aurez voulu. D'ailleurs, cette déclaration m'étouffait. Je me réjouis, je suis fière d'avoir parlé... Vous me flattiez, vous vantiez ma sagesse, ma raison, que sais-je encore!... Eh bien, si jamais ma conscience fut avertie, c'est en ce moment. Oui, je crois sérieusement en ce jeune prince...

(Sur ces entrefaites, le roi Jacques est rentré avec Perkin Warbeck, Huntley, Frion et Frans.)

SCÈNE VI

LES PRÉCÉDENTS: JACQUES, WARBECK, HUNTLEY, FRION, FRANS DE BRUXELLES

CATHERINE

Et pour vous en donner la preuve...

(Catherine marche délibérément vers Perkin et lui attache au pourpoint une rose blanche en rubans. Les autres jeunes filles remettent de même un gage d'amour à leurs fiancés.)

HUNTLEY

Ciel! Catherine! Y songez-vous?

WARBECK

A moi, cette félicité?... O princesse, devenir votre chevalier pour la vie... En suis-je digne?

DALYELL

Elle est perdue pour moi!

(Huntley saisit les mains de Dalyell et les presse avec compassion.)

OXFORD (à part)

Damnation! Elle m'échappe.

LA BALIOL

La scandaleuse incartade!

JACQUES

A la bonne heure! Voilà qui nous dispense de pressentir autrement la princesse... Elle même vient de se prononcer et cela par un geste irrécusable qui aura raison de vos dernières hésitations, mylord (à Huntley), car, vous le savez, le choix fait par les jeunes filles, en cette nuit de la Saint-Valentin, est sacré comme un arrêt de Dieu même, et l'autorité paternelle, voire notre autorité royale, sont obligées de s'y soumettre. (à Catherine :) Rien ne pouvait nous être plus agréable, belle cousine (à Huntley :) Faites comme nous, mylord, et ratifiez de bonne grâce le choix de votre fille.

HUNTLEY

Je me soumets aux décrets de Dieu (à Dalyell :) Sois fort, mon enfant.

JACQUES

Nous proclamons donc les fiançailles de notre cousine, la princesse Catherine Gordon, avec le duc Richard d'York, prince royal d'Angleterre...

OXFORD

Prince royal d'Angleterre !... Sire, y songez-vous? En reconnaissant ce... duc, comme prince royal d'Angleterre, vous encouragez ses prétentions?

JACQUES

C'est bien ainsi que je l'entends... Ou me faut-il préciser? Embrassez votre fiancée, mon beau cousin Richard, roi d'Angleterre!

(Perkin et Catherine échangent un baiser. Murmure d'approbation dans l'assistance.)

OXFORD

Sire, oubliez-vous que le seul roi d'Angleterre est celui que j'avais l'honneur de représenter en votre Cour, Sa Majesté Henri VII?

JACQUES

Nous ne reconnaissons plus que Richard IV, ici présent!

TOUS

Oui!... Oui! Vive Richard IV! Vive la rose blanche d'York.

OXFORD

Vous aurez voulu la guerre, Sire!

JACQUES

Nous la voulons.

OXFORD

Alors, au nom de mon gracieux maître Henri VII, roi d'Angleterre, à toi, Jacques IV, roi d'Ecosse, ce défi !...

(Il jette son gant aux pieds du roi : sur un signe de celui-ci, lord Dalyell le ramasse).

JACQUES

Et nous le relevons !.. Dieu vous garde, mylord !... Douglas, veuillez prendre le commandement de l'escorte qui accompagnera le noble comte jusqu'à nos frontières...

(Oxford sort, suivi de Douglas.)

SCÈNE VII

LES PRÉCÉDENTS MOINS OXFORD et DOUGLAS

JACQUES

Et nous, mylords et mesdames, achevons joyeusement cette veillée de la Saint-Valentin !... Le banquet traditionnel attend les heureux couples qui se sont engagés ce soir. Vous y présiderez, avec votre royale prétendue, mon cher cousin d'Angleterre... A deux, aussi, vous ouvrirez le bal... Et, dans quelques jours, après avoir reçu la bénédiction nuptiale, vous partirez pour la conquête de votre beau royaume, mylord, avec vos garçons d'honneur, devenus vos frères d'armes!

(Le roi se retire conduisant la princesse Catherine. Les couples de fiancés suivent avec d'autres seigneurs et dames. Au lieu de prendre la file, Warbeck seul reste en arrière. Frion, intrigué s'arrête avec lui. Il fait signe de la main à son maître, comme pour l'engager à rejoindre les convives Warbeck répond par un geste de refus: puis quand les portières sont retombées derrière le dernier couple, il éclate :)

SCÈNE VIII

PERKIN WARBECK, ETIENNE FRION

WARBECK

Non!... Non!... Je n'irai pas plus loin!...

FRION

Que prétendez-vous faire?

WARBECK

Retourner en Flandre d'où je suis venu. Partir cette nuit même.

FRION

Quoi! C'est au moment de toucher au but que vous abandonneriez la partie... On vous fait conclure une puissante alliance, un illustre mariage vous assure enfin ce trône, objet de vos convoitises, et c'est alors que vous vous dérobez... Vous n'aimez point Catherine Gordon!

WARBECK

Au contraire. C'est parce que je l'aime que je veux la fuir.

FRION

Je comprends de moins en moins.

WARBECK

C'est bien simple, cependant. Je ne puis épouser la princesse...

FRION

Et, après l'engagement solennel de tout à l'heure, vous vous ravisez ainsi, tout d'un coup?

WARBECK

C'est que je vois clair à présent. Je ne veux pas associer la vie de cette noble jeune fille à celle d'un aventurier.

FRION

Un aventurier!

WARBECK

Oui, un aventurier. Peut-être pis!... Oh! cet amour, ce saint amour qui m'a enflammé le cœur a fait jaillir du même coup une éclatante lumière en ma conscience... Je découvre des abîmes que je côtoyais aveuglément... A vous de m'édifier... A moins que vous ne me fournissiez la garantie que mes prétentions au trône d'Angleterre sont légitimes, je refuse de me prêter plus longtemps à vos brigues... Et, pour commencer, je romps ce mariage qui serait une nouvelle imposture...

FRION

Vous n'en ferez rien!

WARBECK

C'est ce que vous verrez!... Ou, sinon, procurez-moi tous mes apaisements... Il me tarde de savoir, enfin, qui je suis... Frion (presque suppliant, adouci), une preuve, je t'en conjure : une preuve qui me justifie, qui me permette de me croire digne de ce mariage; une preuve qui me fasse une conviction...

FRION (embarrassé)

Hé! Quelle autre preuve vous faut-il que celles qui vous suffisaient jusqu'à présent et dont se sont contentés tous ceux qui vous reconnurent... Je vous ai dit et répété ce que je savais... Vous aviez neuf ans lorsqu'on vous emporta de la Tour...

WARBECK (il s'est assis découragé)

Neuf ans! La mémoire fonctionne à cet âge!... Comment se fait-il que je n'aie gardé aucun souvenir de ce qui se serait passé en cette horrible nuit?... Rien, absolument rien de mon enfance princière ne se retrace en mon imagination. Je ne me souviens ni de ce roi

Edouard qui serait mon père, ni de cette pauvre reine Elisabeth que l'on me donna pour mère, ni même de ce petit prince, mon frère, mon compagnon de jeux et de captivité, assassiné sous mes yeux...

FRION

Cet oubli n'a rien qui doive vous surprendre. Les émotions par lesquelles vous aviez passé, déterminèrent, chez vous, une maladie nerveuse. Longtemps vous fûtes entre la vie et la mort, et quand, à force de soins, vos parents nourriciers parvinrent à vous guérir, vous ne saviez plus rien de votre première enfance et de la catastrophe dans laquelle vous aviez failli accompagner votre frère...

WARBECK

Hélas! Si ma convalescence et les soins maternels qui me furent prodigués par cette humble Flamande me reviennent souvent, en revanche, je ne parviens à reconstituer ma vie sur les marches d'un trône qu'avec ce que vous m'en avez appris... Or, je sens depuis une heure, que ces traditions et ces témoignages ne me suffiront jamais plus... Le misérable Tyrell, qu'un oncle dénaturé chargea du massacre des enfants d'Edouard, est mort sans avoir parlé... morts aussi, ses deux sinistres acolytes Dighton et Forrest. Le chapelain de la Tour ne révéla jamais, à âme qui vive, la place où on aurait enterré les deux petits princes!... Il n'existe plus aucun des instruments du régicide avec lesquels je puisse être confronté.

FRION (impatient)

Qu'importe, puisque l'un des bravi, celui-là même qui se montra pitoyable à votre égard, n'a pas emporté son secret dans la tombe. Comme je vous l'ai conté cent fois, ce scélérat repenti révéla à votre tante, Madame Marguerite d'York, la part qu'il avait prise dans le pire des attentats de Richard III. La duchesse me dépécha vers ce Forrest, lequel, à son lit de mort, me confirma ces aveux sous le sceau du serment. Touché par vos larmes et vos supplications, le cœur lui avait failli pour achever son double forfait, et il était même parvenu à fléchir et à désarmer son complice... C'est lui qui passa en Flandre pour vous confier à d'obscurs tisserands...

WARBECK

Et tu crois fermement à ce que te déclara cet homme?

FRION

A moins qu'il ne se soit parjuré au moment de paraître devant Dieu, il a dû dire la vérité...

WARBECK (Douloureux combat intérieur. Il s'est remis debout, il va et vient, puis, s'arrétant devant son ministre :)

Frion, pardonne-moi si je te méconnais... mais tes propres serments ne me suffiront plus... Ah! si la pauvresse, qui me rappela à la vie, n'avait succombé, elle aussi; elle aurait pu me tirer de cette douloureuse incertitude. Grâce à ses propres souvenirs, je serais parvenu à me rendre compte de mon identité, à me reconnaître, à me comprendre, à me saisir, à être définitivement fixé sur mon origine. Pour l'amour d'elle, j'aurais cru en ce Forrest... Devant ma douleur, elle aurait éclairci le mystère de ma naissance. Mais que dis-je?... Elle n'en savait sans doute pas plus que moi... Car de ce qu'un inconnu lui avait un jour confié un enfant, comment conclure que cet enfant était précisément le fils cadet du roi Edouard... Il est tant de bâtards et d'enfants trouvés!... Ah! me voilà voué pour toujours aux ténèbres!...

FRION

Aussi, mieux vaut-il ne pas vous creuser et vous retourner inutilement la cervelle à propos d'un fait suffisamment avéré. Voyons, est-il témoignage plus efficace et plus péremptoire de votre identité que l'accueil maternel que vous fit la douairière de Bourgogne à

Bruxelles, et le patronage qu'elle ne cessa de vous accorder? Cette hautaine parente, aurait-elle jamais prodigué ses caresses à un intrus, à un enfant supposé?

WARBECK

Au risque de vous affliger encore, Frion, je vous avouerai que ses effusions me parurent toujours feintes et sa tendresse de commande... Jamais je ne sentis mon cœur aller vers elle comme vers cette pauvresse de Tournai.

FRION

Oh fi! C'est ainsi que vous reconnaissez les bienfaits de votre protectrice.

WARBECK

C'était plus fort que moi. Chaque fois que je me trouvais en présence de cette superbe princesse, au lieu de se dilater de sympathie, mon être affectif se contractait... Un pressentiment m'éloignait d'elle, un froid me glaçait et, dans ses yeux de sibylle, je lisais je ne sais quelle ironie, quelle politique!

FRION

Que me faut-il entendre!

WARBECK

Et tenez, pour tout vous dire, comment se fait-il que je ne sois pas rassuré auprès de vous... que je me sente gauche, emprunté, que j'éprouve un malaise? Ne me porteriez-vous pas malheur, Frion? N'êtes-vous pas mon mauvais génie?

FRION

Allez-vous bien vous taire, enfant ingrat!... est-ce le surcroît, l'excès de bonheur qui vous étouffe et vous irrite? Oui, la fortune vous tourne la tête... C'est pourquoi je ne retiendrai rien de vos méchants propos.

WARBECK

Non, c'est sérieusement que je vous parle, au contraire. Jamais je ne me suis senti plus lucide... Je me fais presque horreur à moi-même en songeant à tant de braves gens que j'aurai trompés de complicité avec vous. Je rougis de honte, à l'idée des foules qui m'acclamaient, de ces seigneurs qui me traitent en égal et même en suzerain; de ce jeune prince prêt à engager sa couronne sur ma royauté chimérique; de cet autre roi, un souverain paternel et équitable, à ce qu'il paraît, que je renverserai peut-être à la faveur d'une odieuse supercherie; je me représente avec horreur la guerre dans laquelle j'entraîne des milliers de chrétiens et de compatriotes, tout ce sang que je ferai répandre, ce beau pays que je mettrai à feu et à sac, sous prétexte qu'il est mon apanage... Mais ce qui achève de me révolter contre la mission que vous prétendez m'imposer, c'est surtout ce mariage,... cette jeune et touchante princesse, leurrée, elle aussi, par tous les charmes dont on m'entoure et par l'origine auguste que l'on m'attribue; cette héritière d'illustre naissance sur le point d'unir sa destinée à mon équivoque fortune et de se donner corps et âme à un roi de grand chemin!... Non, non, Frion! Laisse-moi retourner en Flandre. Depuis que j'ai rencontré Catherine Gordon et que je l'aime, je répudie toute complicité avec ta faction; je ne veux plus mentir, je ne ferai plus un pas dans cette voie frauduleuse. Mais avant la séparation fatale, je reverrai la princesse... Elle saura la fragilité de mes titres et ma couronne aléatoire... ô lui dire qui je suis, ou du moins l'infime tisserand que je pourrais être...

FRION

A votre aise! Parlez!... Si vous n'êtes prince, vous ne serez plus rien à ses yeux...

WARBECK

N'importe. Je tenterai l'épreuve. A Catherine de

m'apporter la révélation suprême, à elle de prononcer entre mes deux identités, à elle de me dire si je suis prince ou manant. Oui, j'aurai recours à elle comme au jugement même de Dieu !

FRION

Essaie, te dis-je... mais je te garantis qu'au premier mot de tes doutes, la princesse se détournera de toi. Pour toi, douter c'est disparaître. Avise-toi de contester ton étoile et à l'instant plus personne n'y croira. Comme les apôtres, les rois n'existent que par leur foi et leur exaltation. Du moment que tu raisonnes de tes droits et de ta vocation, tu perds déjà ta vertu. La foi, la seule foi qui importe ici-bas, c'est la croyance en sa propre destinée ! Réfléchis bien à ce que tu vas faire. L'univers te tient pour le fils d'Edouard; les peuples, les grands, les rois, tous, à commencer par ta promise. Ne s'est-elle pas prononcée spontanément tout à l'heure ? Et tu la consulterais encore ! Malheureux, es-tu poussé à ce point par la folie du néant? Non, tu n'aimes point Catherine...

WARBECK

Ne pas aimer Catherine !... Renoncer à son amour !... Ne plus rien être pour elle ! Jamais !

FRION

Alors ne parle plus de reculer ou de t'arrêter en route. Te départir de tes prétentions royales, c'est du même coup répudier ta fiancée. Elle t'échapperait en même temps que ta couronne. Pour épouser la princesse, il te faut épouser l'Angleterre... Mais malheureux, si elle avait entendu notre conversation, elle t'aurait déjà pris en horreur! Songe donc! Elle, une princesse!... S'être engagée à un goujat, à un vagabond, à pis que cela peut-être, comme tu viens toi-même d'en exprimer la crainte. Car il n'y a pas de milieu. Ou tu es Richard d'York ou tu n'es que Perkin Warbeck... Dis un mot de tes scrupules, et aussitôt comme au coup de baguette d'une fée maligne, le prince charmant, la touchante rose blanche d'York deviendrait un épouvantail, un objet de dégoût, un champignon vénéneux, un chardon, une fleur puante que l'on foule aux pieds au lieu de se l'attacher au corsage!... Imagine-toi que tout à l'heure on t'ait présenté à Catherine, couvert de haillons, barbouillé de sueur, fleurant le métier, le suint de mouton, comme lorsque je t'avisai sur la grand'place de Tournai... Crois-tu que l'amour d'une princesse résisterait à pareille métamorphose? Ou puisque tu ne veux t'élever jusqu'à elle en continuant à marcher dans la voie triomphale que tes protecteurs t'ont tracée, propose lui de se ravaler à la condition des manants dont tu te crois issu, engage-la à s'affubler de guenilles comme une serve; puis au lieu de voler à la conquête d'un glorieux royaume, rendez-vous tous deux en pèlerinage aux rives de l'Escaut; à deux vous irez voir la masure paternelle; Catherine partagera ton pain bis, et, d'une bouche imprégnée d'ail, ta Catherine te chantera les idylles de la misère et elle t'aidera à supporter les rigueurs de la corvée...

WARBECK

Assez!... Assez!... Plus un mot, Frion!... Je devrais te maudire... et voilà que je remets mon bonheur terrestre et même mon salut éternel entre tes mains... Ah mon amour prévaut contre ma conscience!... C'en est fait... Je veux être roi!

(Musique de lentes danses archaïques dans la coulisse jusqu'à la chute du rideau.)

FRION

A la bonne heure!... Je savais bien que mon jeune prince redeviendrait raisonnable. Courage! L'amour et l'hyménée nous feront brûler les étapes qui nous séparent du but. Avant un mois d'ici, je vous donne rendez-vous à l'abbaye de Westminster... Sire, je me tiendrai au pied de votre trône... Catherine sera plus fière et plus amoureuse que jamais de Votre Majesté; quand vous aurez enveloppé votre reine dans les plis du manteau de pourpre et d'hermine brodé de léopards d'or et que vous aurez posé le diadème sur son front. Et comment alors, assis sur le trône des Plantagenets, exalté par tout un peuple, reconnu de tout l'univers, comme le fils légitime d'Edouard IV, pourriez-vous douter encore de votre droit divin ?

WARBECK

Allons! Soyons roi pour l'amour de ma reine! Frion, fais de moi ce que tu veux. Oui tu as raison, je crois en moi-même puisqu'elle croit en moi... Elle m'aime. Désormais je ne douterai plus. Ce que n'avaient pu faire les hommages et les acclamations des peuples, le vœu des pauvres gens, les flatteries des gentilshommes, tes ingénieux récits, les ostensibles caresses de Marguerite d'York, cette évidence qui me manquait, c'est l'amour qui me la procure... Oui je serai l'époux de la princesse Catherine... Et c'est un royaume que je déposerai à ses pieds!

(Il se précipite vers la salle du festin.)

(RIDEAU)

DEUXIÈME ACTE

DEUXIEME ACTE

Une chambre dans un château en Cornouailles, vers le crépuscule.

SCÈNE Ire

WARBECK (en cuirasse d'acier); CATHERINE (au lever du rideau ils sont assis sur un banc dans l'embrasure d'une fenêtre gothique, amoureusement rapprochés).

CATHERINE

Tout continue à nous sourire... Les villes nous ouvrent leurs portes avec empressement. Cette forteresse où nous nous trouvons s'est rendue sans coup férir. Malgré ta vaillance, ton appétit de prouesses, ton impatience de te distinguer sous mes yeux, il faut en faire ton deuil mon petit roi ; ta bonne mine suffit pour remporter des victoires... Ma tendre rose blanche d'York, désarme les châtelains les plus farouches et jusqu'à présent cette guerre ressemble à une marche triomphale... L'heure de notre entrée à Londres sonnera bientôt. En pensée, je te vois déjà gravir les marches du trône. L'archevêque de Cantorbéry, primat d'Angleterre, vient d'accomplir les rites du sacre, les trompettes éclatent en fanfares, l'encens fume dans les cassolettes, les bannières s'inclinent et te caressent de leurs plis de soie, l'or de ta couronne pâlit cependant au reflet de tes cheveux, mon doux seigneur, et moi je me sens défaillir d'orgueil et de tendresse à tes côtés... moi, ta reine... ta reine, ô mon beau roi d'Angleterre... Et depuis, tes baisers contractent une douceur, une suavité plus auguste et plus divine encore...

WARBECK (un peu triste et obsédé)

Chère, chère Catherine.

CATHERINE

Mais pourquoi ce front maussade et cette langueur, Richard? On dirait que la perspective de votre prochain couronnement ne vous réjouit pas comme moi...

WARBECK

Tu te trompes, mon aimée... La fatigue de ces dernières marches... Peut-être aussi un peu d'inquiétude... La campagne n'est pas encore finie...

CATHERINE

Ah! moi aussi j'aspire au repos. Mais à ce repos des rois dans leurs foyers, repos majestueux et grandiose, comme le sommeil d'une nuit constellée d'astres et saturée de parfums!... Quel abandon délicieux, mais quels généreux réveils!... L'amour de nos peuples, nous chantera une perpétuelle aubade. Nous en entendrons la musique, comme d'un chœur invisible et cette ferveur parfumera nos jours avec la persistance d'un ineffable dictame... Oh quelle béatitude pour vous d'occuper enfin la place que Dieu vous avait destinée! Si tout ce monde vous idolâtre déjà, que sera-ce quand ils vous connaîtront mieux, quand ils auront été admis à contempler les traits du fils de ce roi Edouard, qui fut le plus beau roi terrestre, affirmait-on, avant que vous ne fûtes apparu, pour enchérir encore sur la beauté paternelle! Voulez-vous croire, mon doux seigneur, que votre pauvre femme, pourrait bien devenir jalouse, de cet amour extrême que vous porteront des milliers de cœurs?...

WARBECK (avec un vague espoir, comme pour l'encourager à exprimer sa pensée).

Est-ce à dire que tu me préférerais moins puissant, plus effacé, plus obscur?

CATHERINE

Non pas... Je plaisantais... Ah je t'aimerai toujours plus fort que les plus dévoués de tes sujets! Te préférer humble et obscur, toi?... Jamais!... Non, non, aux rois, il faut la couronne, comme l'auréole aux saints. Les rois ne sont vraiment eux-mêmes que revêtus de tout leur prestige. Figure-toi que je t'ai toujours vu ainsi, mon prince blond. Dès le moment où notre cousin, le roi d'Ecosse, te présenta à mes yeux je fus éblouie par la lumière surnaturelle que tu dardais ainsi qu'un autre soleil. Jamais, je n'ai distrait de ta personne, le signe que le Seigneur trace au front de ses oints, ce signe indélébile, qui les marque pour les gloires suprêmes...

WARBECK

Ou les suprêmes infortunes...

CATHERINE

Encore une pensée mélancolique... Que vous faut-il donc, ingrat? Quel désir vous reste-t-il à formuler? Ne régnerez-vous pas dans quelques heures sur le plus florissant pays du monde? Ah quelle vie enchantée que la nôtre! Nous goûterons même un charme poignant, à parcourir ensemble l'histoire de votre avènement au trône, monseigneur... Quels thèmes délicieux les chroniques de votre règne n'offriront-elles pas aux poètes? Gageons que votre jeune trouvère, Frans de Bruxelles, en a déjà tiré parti. Existe-t-il légendes de saints aussi touchantes que la vôtre? Arraché par le doigt de Dieu aux sicaires d'un nouvel Hérode, ce pauvre enfant royal élevé chez d'infimes artisans de Flandre, dans un taudis, croissant pourtant en beauté et en sagesse, remarqué parmi les petits vilains qu'on lui donne pour compagnons et qui le respectent sans savoir pourquoi, subissant malgré eux quelque occulte prestige... Puis l'arrivée de l'envoyé de la duchesse de Bourgogne... Le prince déguisé se dévoilant aux humbles de Brabant et de Flandre, et éveillant à son passage de ville en ville, la volée des carillons dans leurs beffrois de dentelles!... N'est-ce pas frais et gracieux comme un chapitre de la légende dorée?... Que vous deviez être gentil et mignon, mon amour, dans cette échoppe de tisserand? Vous l'éclairiez sans doute comme l'enfant Jésus illuminait l'étable de Bethléem? Et quel contraste, entre votre délicate personne et tous ces maroufles, au cuir épais! La mine adorablement piteuse que vous deviez avoir, quand vous dérobiez vos traits mutins, à l'ombre de la visière d'un bonnet d'apprenti!

WARBECK

O folle et charmante Catherine!

CATHERINE

Oui, folle tant que vous voudrez, mais folle de vous, mon prince, mon chevalier blond!... Embrassez-moi! Regardez-moi dans les yeux... Là!... Tout au fond... M'aimez-vous?...

WARBECK

Si je vous aime!... Mais tenez-vous beaucoup, ma mie, à cette pompe, à ce faste et à cette vanité des cours? Après tant d'aventures n'aurions-nous pas mérité le droit d'être oubliés de l'univers et de ne vivre que pour nous. Ah! songe à cette existence toute intime et toute secrète... Je me reporte souvent au pays de Flandre que tu viens d'évoquer, et c'est même sans répugnance que je me revois simple apprenti, attelé au métier paternel... Si tu voulais, Catherine, nous savourerions mieux là-bas, en ces plantureuses contrées qu'arrose l'Escaut, les délices de notre roman d'amour. Nous nous blottirions, par exemple, dans une chaumière à la lisière d'une de ces forêts séculaires dont les hautes futaies rythment de si balsamiques berceuses à la cordiale cité de Bruxelles... En ces paisibles retraites, il ferait bon n'être plus roi que de ma reine adorée...

CATHERINE

Non, non... Je vous veux grand et puissant, le plus puissant des monarques. J'aspire même, ardemment, à l'heure de vous voir en pleine lumière, au faîte du pouvoir, dans l'apothéose où vous auront ravi les cœurs des fidèles Anglais... C'est là votre véritable peuple!... C'est à eux que vous vous devez désormais, comme à moi-même... Soyez roi, Sire, vous ne le serez jamais trop à mes yeux... Mais vous soupirez, vos regards se voilent, décidément mon impatience, mon ambition pour vous, serait-elle importune ?

WARBECK

Excuse cette passagère défaillance, mon amour. Je songeais aux tragédies de tant de rois et de reines d'Angleterre, et c'est ce qui me donnait un instant l'envie de n'être que des souverains de bergerie et de pastorale ! Mais tu as raison, nous n'avons pas le droit de songer seulement à nous; nous ne pouvons nous aimer que sous la pourpre... (à part :) ou le sang... (Fanfare dans la coulisse.) Le cor ! Un messager sans doute ?

CATHERINE (qui s'est approchée de la fenêtre rougie par le soleil couchant)

C'est maitre Etienne Frion, votre sombre ministre. Il vient de descendre de cheval dans la cour d'honneur. Il a probablement à conférer avec vous. Je vous abandonne à cet homme rébarbatif, quoique précieux : mais congédiez-le au plus vite, mon prince ; je ne vous ai jamais vu si morose et il me tarde de dissiper pour de bon les ombres que j'ai fait flotter, bien malgré moi, sur vos grands yeux d'espoir et de clarté.

(Elle l'embrasse et se retire dans une chambre voisine non sans s'arrêter encore sur le seuil, pour lui sourire.

SCÈNE II

WARBECK, FRION

WARBECK

Vous, Frion ? Je ne vous attendais plus ce soir...

FRION

De graves nouvelles m'amènent auprès de vous. La situation s'est gâtée depuis ce matin.

WARBECK

Que voulez-vous dire ?

FRION

Nos coureurs ont escarmouché à quatre heures d'ici avec les avant-postes d'une armée envoyée à votre rencontre par Henri Tudor. Comme nous ne sommes pas en nombre il faudra que nous entrions dans Bodnam pour nous y retrancher en attendant les renforts promis par le roi d'Ecosse...

WARBECK

Ces renforts tardent bien à venir... Hâtons-nous donc de pénétrer dans Bodnam.

FRION

Malheureusement Bodnam est la première ville qui refuse de vous recevoir...

WARBECK

Alors?

FRION

Nous serons obligés d'y pénétrer de force et cela dès la première heure du jour avant que l'armée ennemie nous ait rejoints...

WARBECK

Voilà ce que j'appréhendais!... Et nous qui nous flattions de parvenir jusqu'à Londres sans devoir répandre le sang... Enfin, puisqu'il le faut, je me résigne... Prends tes mesures pour l'assaut, Frion... Aux premières lueurs de l'aube tu me verras à la tête des nôtres...

FRION

Afin d'enflammer l'ardeur de nos soldats — car il importe que la place soit emportée lestement — ne conviendrait-il pas de les affrioler par la promesse d'un copieux butin? Bodnam est un marché prospère. Et dame! une fois, en passant...

WARBECK

Non, non! Bodnam fait partie de mon royaume et peut-être y est-ce contre le gré de la bonne gent que notre vassal nous résiste... J'entends, au contraire, qu'on épargne autant que possible la vie et le bien des habitants... Et surtout que pas un cheveu ne tombe de la tête d'une femme, pas une larme des yeux d'un enfant... Car si j'existe comme roi d'Angleterre, c'est à condition d'accorder ma protection aux humbles, aux faibles et aux petits. N'oublie pas, Frion, que j'étais aussi un petit enfant quand la Providence détourna le fer levé sur ma gorge.

FRION (avec ennui et mauvaise grâce)

C'est bien,... c'est bien, mon prince, vous serez obéi... Quoique un intermède de pillerie et de carrousse eût fait patienter vos gens d'armes, qui se morfondent depuis deux mois en ces déserts en attendant l'arriéré de leur solde...

WARBECK

Inutile d'insister !... Je veux être chéri de mon peuple, entends-tu ? Dieu me traça ma mission en m'élevant à l'école du malheur. Ce serait trahir ses desseins que de monter au trône en passant sur les cadavres de mes propres sujets... Aussitôt maître de la ville que la moindre pierre vous en soit sacrée !... Frans de Bruxelles, mon écuyer est-il ici ?

FRION

Il veille dans la salle des gardes.

WARBECK

Mande-le, sans tarder, auprès de moi, et qu'il apporte de la lumière. Va !

(Frion sort, après s'être incliné trop bas : il doit avoir l'allure cauteleuse et en dessous d'un félin qui se ramasse avant de bondir.)

SCÈNE III

WARBECK

Voici le premier obstacle qui se dresse sur ma route depuis notre départ d'Edimbourg. D'où vient qu'il me paraisse insurmontable? J'ai le pressentiment de marcher à la défaite, à la ruine... Et depuis que cet homme m'a parlé je me sens l'âme encore plus morne et plus navrée... Jamais sa voix ne me parut si fausse, son œil si louche, son maintien si cauteleux. Ah, Catherine, chère aimée, toi qui nous voyais déjà parvenus au terme d'une paisible conquête!... T'annoncerais-je ce contretemps? (Il soulève la tapisserie et plonge les regards dans la chambre voisine.) Non, elle dort. Ne la réveillons pas. Qui sait quelles transes et quelles fatigues l'attendent demain... et les jours qui suivront... (Il tend l'oreille.) Que sa respiration est égale et douce. A peine le souffle d'un enfant, le frisson d'une fleur... Elle continue sans doute à s'éblouir aux mirages qu'elle m'évoquait tout à l'heure... Mais elle sourit, elle parle, elle murmure mon nom, elle me tend les bras, elle rêve de son époux.

La voix de CATHERINE (rêvant)

Richard... Mon... beau... roi!

WARBECK (il laisse retomber la draperie avec une sorte de désenchantement)

Ah le roi!... Toujours le roi!

(Frans de Bruxelles est entré par la porte du fond avec des flambeaux. Il les dépose sur la table et il se tient derrière Warbeck qui se retourne.)

SCÈNE IV

WARBECK, FRANS DE BRUXELLES

WARBECK

Frans? Ah sois le bienvenu !...

FRANS

Mon prince m'a fait appeler ?

WARBECK

Frans, je t'ai choisi pour me rendre un signalé service. Demain au point du jour, nous sommes contraints d'entrer de force dans la cité voisine qui nous ferme ses portes. Comme l'affaire peut être chaude et même entraîner un échec pour nous, tu reconduiras la princesse Catherine en Ecosse auprès de son père. Une caraque est ancrée à la côte, montée par ces quatre mariniers de confiance qui m'ont suivi depuis Anvers.

FRANS

Comptez sur moi, mon prince... Toutefois, croyez bien que jamais je ne consentirais à vous quitter au moment du danger, si ce n'était pour veiller sur l'être qui vous est le plus cher au monde... D'ailleurs, rassurez-vous, cette séparation ne sera pas longue; votre épouse et votre fidèle écuyer seront bientôt de retour auprès de vous. Et surtout n'allez pas vous exagérer l'importance de ce premier engagement. Votre inquiétude serait prématurée, car vous avez passé par bien d'autres périls.

WARBECK

Tu as raison. Ta cordiale présence contribue déjà à me rasséréner. Mais tu devines bien que la seule perspective d'un combat, ce combat fut-il livré contre mes propres sujets, n'aurait pas suffi pour m'affliger outre mesure. Non, sache que toute la journée j'ai été obsédé par des images funèbres, ou, pour te dire toute la vérité, il y a longtemps que je passe par de crispantes alternatives de confiance et de découragement...

FRANS

Quoi! Vous, monseigneur, vous le favori de la fortune, vous le plus heureux des époux et le plus populaire des princes en attendant que vous soyez le plus heureux des rois!...

WARBECK

Et pourtant, mon fidèle, c'est comme je te le dis. Ecoute, je me sens entouré d'ennemis et d'espions, de créatures aux gages de Madame de Bourgogne, à commencer par ce Frion dont la simple vue me ferait lever le cœur; toi, mon Frans, tu es le seul être à qui je puisse ouvrir mon âme...

FRANS

Le seul?

WARBECK

Oui, le seul... Car mon épouse adorée est même la dernière à qui j'oserais montrer le fond de ma pensée. Croirais-tu qu'elle ne connaît de mon passé que ce que mes conseillers en ont appris aux peuples pour les besoins de ma cause? Elle ignore — puisse-t-elle les ignorer toujours — mes luttes intimes et mes combats intérieurs (*allant vers la fenêtre et regardant au dehors*). La nuit sera longue encore, car la lune ne cesse de monter dans le ciel. Or, comme j'essaierais vainement de dormir, je te demanderai, ami, si le sommeil ne t'accable point, de bien vouloir attendre le jour avec moi, en écoutant ma confession? Tu apprendras alors pourquoi je ne puis révéler ma vie morale à la princesse...

FRANS

O, mon prince, c'est un bonheur pour moi que de vous offrir ce soulagement... .

WARBECK

Au plus loin que me reportent mes souvenirs, je me vois alité dans une petite chambre, enfant chétif et malingre, sur qui veille une femme aux regards à la fois tristes et caressants, au teint de cire comme en ont les madones dans les tableaux d'église. C'était ma mère ou du moins celle que je tenais pour telle. Elle avait beaucoup souffert : son premier mari, un humble tisserand du nom de Josse Warbeck, mourut, avant ma naissance, à Tournai, où il était venu chercher du travail, après avoir longtemps vécu en Flandre. Sa veuve se remaria avec Jean Oostbeek, un mauvais sujet, un vagabond, toujours ivre, qui avait vendu son âme au diable, ou à peu près, puisque juif, il s'était converti pour de l'argent et qu'il allait abjurer le christianisme lorsqu'une mort subite l'emporta avant qu'il eût touché le prix d'une nouvelle apostasie. Il fit sans doute une vilaine fin, car notre mère évita toujours de nous en parler.

Nous étions sept enfants, tous du premier lit : moi le cadet et le benjamin de ma mère, aussi blond et rose que mes frères et sœurs étaient noirs et bruns !... Combien elle me choyait! Que de douceurs et de baisers! Mais il lui arrivait aussi de m'arroser de larmes. Entretenait-elle des pressentiments de malheur? Pourquoi, sinon, me serrait-elle dans ses bras avec tant de force, qu'on aurait dit une lice défendant ses petits contre l'approche du loup?

Le curé de Saint-Privat, notre paroisse, m'apprit à lire et à écrire. Ravi de mes progrès, il m'aurait même inculqué toute sa clergie, sans le mauvais gré de mes frères qui me voulaient maintenir à leur niveau et qui me traitaient de fainéant et de bouche inutile. Pour m'épargner des avanies, ma mère finit par leur céder et me mit en apprentissage avec eux au moment où je courais ma treizième année. Ce que je rechignai la première fois qu'il me fallut revêtir de grossiers habits de droguet et me rendre à la fabrique!... Afin de me consoler, les dimanches, malgré les lois somptuaires, ma mère continuait à m'attifer de son mieux; j'avais des pourpoints de soie et des souliers de satin; elle ne se lassait de peigner mes boucles blondes et elle prenait plaisir à les enrouler sur ses doigts! Souvenir puéril, diras-tu, mais ce geste de la tendre femme me hante comme un refrain de litanie et il me résume toute mon enfance : le jardinet près de l'Escaut, nos jeux sur la berge, la vigne folle aveuglant la croisée de ma chambrette et jusqu'au ronron dolent du métier et des navettes!

Un jour, l'après-midi, nous nous ébattions en attendant l'heure de reprendre le travail lorsqu'un cavalier de mine imposante déboucha sur le parvis. C'était ce même Frion qui devait désormais me suivre comme mon ombre. Il portait une écharpe blanche au bras droit et il arborait une rose couleur de neige au chaperon. Les apprentis s'étaient ameutés autour de lui, et moi, aussi débraillé que les autres, les mains noires et le visage en sueur, je m'étais faufilé au premier rang des baguenaudiers En m'avisant l'étranger retint son cheval et penché vers moi, il me dévisagea longuement; puis il mit pied à terre et me requit de lui indiquer la meilleure hôtellerie. Je me dirigeai vers le *Chariot d'or* en tenant sa monture par la bride. Jaloux de l'honneur qui m'était échu, mes camarades nous escortaient, non sans me bousculer et m'allonger de sournoises bourrades par derrière! Mais je ne m'en souciais guère, tant je me gonflais d'importance!... La cloche, annonçant la reprise du travail, ne tarda d'ailleurs point à me soustraire aux persécutions des autres apprentis, qui regagnèrent l'atelier en me lançant des sobriquets et en me sommant de les rejoindre. Mais moi, irrésistiblement conjuré par le regard impérieux de l'inconnu, je poursuivis mon chemin jusqu'à l'auberge. Le mystérieux personnage m'y fit entrer à sa suite et là, sans précautions oratoires, il me proposa de l'accompagner. Il ne tiendrait qu'à moi, disait-il, de mener la vie d'un baron, d'avoir des armures magnifiques et des palefrois plus richement caparaçonnés que le sien, de manger de la volaille et d'autres friandises dans de la vaisselle d'or, de ne boire que du vin doux et parfumé d'aromates et de ne plus jamais mettre la main à un outil, sauf à la poignée ciselée et enrichie de pierreries d'une épée. Seulement, pour me rendre digne de cette transfiguration, il me fallait consentir à partir avec lui, sans dire adieu à ma mère et sans songer à la revoir jamais... J'acceptai sur le champ, le cœur moins gros qu'il eût convenu ; toutefois l'influence d'un hanap de vin épicé que le tentateur me fit lamper d'un trait pour m'étourdir, ne fut pas étrangère à ma résolution. D'ailleurs il ne me laissa pas le temps de me raviser, car, ayant réglé avec l'hôte, il sauta en selle, me souleva de terre, m'affourcha devant lui, et nous voilà partis au grand trot... Bercé à l'allure régulière du destrier et les vapeurs du vin contribuant à ma somnolence, je ne tardai pas à m'endormir dès la sortie de la ville. Je ne me réveillai qu'à la première étape, et comme je manifestais quelque regret de ma fugue, mon ravisseur acheva de me circonvenir en me faisant quitter mes nippes graisseuses pour de délicieuses trousses de page ; puis m'ayant raconté les derniers événements de l'histoire d'Angleterre, il me persuada que j'étais le fils cadet du roi Edouard et qu'il était chargé, lui, noble homme Etienne Frion, de me conduire auprès de la duchesse douairière de Bourgogne, ma tante du côté paternel. A supposer que j'en eusse eu l'envie la suite de l'aventure ne m'aurait plus permis de douter de mon auguste lignage :

Le troisième jour de notre chevauchée, comme nous

approchions de Bruxelles, dès que les pertuisaniers de garde dans les échauguettes des remparts nous eurent signalés, les cloches se mirent à sonner à pleine volée et nous saluèrent à travers les coteaux bocagers qui nous séparaient encore de la ville, avant que nous eût abordés la cavalcade de lansquenets envoyés à notre rencontre. Notre entrée par la porte de Hal tendue de précieuses tapisseries, se fit avec un tel tonnerre de couleuvrines et de hacquebutes que toutes les maisons en tremblaient. La Duchesse, entourée de chevaliers et de dignitaires, vint au devant de moi sur une haquenée houzée de soie bleue. Mettant pied à terre aussitôt qu'elle m'eut aperçu, elle me reconnut solennellement pour son neveu Richard d'York, et, n'attendant même pas pour donner cours à ses épanchements que nous fussions entrés dans son palais, elle m'embrassa à plusieurs reprises, en présence de toute sa cour et d'une énorme affluence de populaire qui ne cessait de clamer à tue-tête, en se trémoussant : « Noël! Noël! Vive la blanche rose d'York! »

Alors commença la vie que tu sais : un vertige de fêtes, de voyages, de joyeuses entrées, de tournois, de cours d'amour, de banquets splendides où, parmi les concerts de violes et de buccines, montait l'encens harmonieux des vers... Mais quel ménestrel me chanta mieux que toi, mon gentil Frans, qui renonças à tes succès de rhétoricien favori de la bonne gent de Bruxelles pour me suivre dans mes pérégrinations... Ah, cher poète, tes vers auraient suffi pour me convaincre de ma royauté! Hélas! ami trop dévoué, peut-être même fus-tu complice de ma faute ..

FRANS

Votre faute, monseigneur?

WARBECK

Oui, j'avais oublié ou je repoussais comme un rêve indigne d'un si grand prince ma vie d'apprenti de métier en Flandre.

FRANS

Quoi de plus naturel que cet oubli passager!

WARBECK

Jamais je ne m'informai même de la pauvre femme qui m'avait élevé là-bas.

FRANS

Auprès de qui vous en seriez-vous informé?... Vous lui gardiez un filial souvenir...

WARBECK

Non, mon ami ; je ne versai même point une larme quand on m'apprit la mort de cette sainte. La fortune m'avait fermé le cœur. Depuis, quand ce cœur s'est rouvert, mes larmes n'en ont été que plus amères et plus copieuses. Or, sais-tu à quel moment je me suis rappelé ma nourricière? Précisément ce soir de la Saint-Valentin où je vis Catherine Gordon pour la première fois.

FRANS

A la bonne heure, mon prince. Votre âme s'épanouissait tout entière. Il ne manque plus un pétale à la fleur de vos tendresses! Votre mère d'adoption a dû vous bénir là-haut!...

WARBECK

Hélas! Je serais plutôt tenté de croire qu'elle m'a maudit pour ma conduite dénaturée. Cette nuit de mes fiançailles, à la cour d'Ecosse, en songeant à ma mère, à mon enfance, je me mis à scruter mes origines, et dans mon incertitude sur ma véritable personne, je fus sur le point de renoncer à la main de la princesse Catherine, ou du moins de lui faire part du mystère qui plane sur mon identité. L'amour avait éveillé ma conscience en m'inspirant un impérieux besoin d'honneur, de devoir, de beauté morale. Que n'ai-je écouté cette voix ! Par malheur, je fis part, le soir même, à Frion, de la démarche que la probité me commandait... Son ironie, ses conseils irritants, la luxure qu'il fit lever en ma chair, la menace de perdre Catherine si je m'avisais de lui faire pareil aveu, bref, tous les arguments d'un mauvais génie triomphèrent de mes scrupules et la passion l'emporta sur ma loyauté.

Le mariage eut lieu. Je m'étais flatté de noyer mes remords dans les ivresses de l'hymen et les tourmentes de la guerre. Les premiers jours, en effet, je connus une félicité sans partage et je crus avoir repris pour toujours confiance en mon droit et en ma cause. Mais depuis quelque temps, l'expiation a commencé... Sache qu'à présent, il ne me suffit plus d'être l'époux de Catherine, car cet époux, celui qu'elle aime ne peut être que le duc d'York. Or, suis-je le prince ou ne suis-je que Perkin Warbeck? A l'incertitude s'est ajoutée une double jalousie : je suis rongé et bourrelé par la rivalité des deux personnages qui se partagent mon individu... J'en suis même arrivé à me croire plus souvent Perkin que Richard et à prendre le parti du tisserand contre le prince, parce que des deux personnages que j'incarne alternativement, c'est peut être le pauvre hère qui porte l'affection la plus intense à la princesse ! Oui, ce manant adore Catherine en désespéré et il la disputera jusqu'à la mort à ce duc d'York qu'il considère comme un imposteur. Plusieurs fois, Perkin a été sur le point de démasquer ce faux Richard IV, de le livrer, de le tuer, oui, de le tuer, mais il craindrait alors de se frapper lui-même!... D'autre part, le duc affolé à l'idée qu'un serf a osé lever les yeux sur sa femme, ne songe qu'au moyen de se débarrasser du misérable. Il s'abaisse jusqu'à se croire supplanté par un vagabond. Des deux, c'est pourtant le vilain qui se croit le plus digne d'être aimé. Il lui tarde de l'emporter à n'importe quel prix sur son noble rival et d'infliger coûte que coûte son monstrueux amour à la princesse. Le jour approche, le jour redoutable et fatal, où il la metrra dans l'obligation de se prononcer entre eux deux. Et, quelle que soit la réponse de la princesse, Perkin Warbeck n'aura attendu que cette réponse pour mourir : jusque-là son existence ne sera plus qu'une longue agonie...

Tout à l'heure encore, ici-même, Catherine enveloppait le prétendant de ses plus irrésistibles séductions et chacun de ses tendres propos portait un coup de poignard au cœur de l'infortuné Perkin, témoin de ces épanchements... Et lorsque je t'aurai dit, cher Frans, que ces souffrances de Perkin sont les miennes, tu sauras l'enfer que j'endure et pourquoi je n'ai pu, jusqu'à présent, ouvrir toute mon âme à mon épouse bien-aimée...

FRANS

O mon bon maître!... Quelle torture comparer à la vôtre!... Mais il n'y a que des justes et des saints pour souffrir ainsi. Et d'abord, que vous soyez Perkin ou Richard, peu m'importe, vous êtes mon maître et mon roi ; je vous vénère encore plus qu'auparavant. Toutefois, votre martyre va cesser...

WARBECK

Avec la mort !

FRANS

Non, sur le champ. Vous allez revivre, au contraire.

WARBECK

Et par quel moyen ?

FRANS

Par celui que le souvenir de la pieuse tisserande de Tournai vous avait conseillé le soir de la Saint-Valentin... Il faut tout dire à la princesse...

WARBECK

Comment ! Après ce que tu sais ? Tu veux donc me pousser au désespoir.

FRANS

Au contraire, votre bonheur ne va que commencer!

WARBECK

Catherine me prendrait en horreur.

FRANS

Elle vous aimera plus que jamais.

WARBECK

Malgré la bassesse possible de ma condition?

FRANS

Quel héros s'éleva jamais à votre hauteur!

WARBECK

Mais elle me crut roi.

FRANS

Il n'y a qu'une âme de roi en laquelle puissent se livrer pareils combats!

WARBECK

Serait-il vrai ?... Ainsi, Frans, tu me conseilles sérieusement...

FRANS

De parler... De faire ce dont Frion vous détourna ! La princesse est digne de vous connaître ! En vous aimant elle a dû vous deviner supérieur... Nul n'appréciera comme elle la suprême noblesse de votre caractère !... Vous ne comptiez plus voir votre femme, avant le combat de demain et vous me l'avez confiée pour que je la ramène en Ecosse Voulez-vous que ce soit moi qui l'éclaire sur votre personne et qui lui répète ce que vous m'avez dit aujourd'hui ? Ah, je me flatte de ne pas en avoir perdu un mot... Vous verrez si la façon dont je vous aurai interprété vous aura desservi... Lorsqu'elle vous reverra, loin de déchoir, vous aurez grandi à ses yeux comme vous venez de grandir aux miens. Ou vous serait-elle moins attachée que votre fidèle serviteur ? Oui, elle vous aimera pour vous-même, il n'y aura plus ni prince, ni manant, il y aura le héros, le noble cœur que vous êtes, je vous le jure, monseigneur, sur mon ardente amitié !

WARBECK

O Frans !... Ami de divin conseil tu me réconcilies

avec moi-même. Ne plus rien avoir à celer, ne plus rien lui taire, me montrer enfin tel que je suis à la femme élue. Tu me sauves, Frans, non tu me crées à nouveau ! (Son de cor prolongé.) Encore cette fanfare ! Qui peut venir à cette heure de la nuit ? Les renforts du roi d'Ecosse ? Informe-toi, veux-tu, Frans ?

SCÈNE V

WARBECK

Ah ! je me sens revivre. Cet enfant m'a porté la bonne parole. Je serai digne, enfin, de Catherine !

SCÈNE VI

WARBECK, FRANS, puis DALYELL

FRANS

Mon prince, c'est lord Dalyell.

WARBECK

Dalyell ! Il aimait Catherine ! C'est en ennemi qu'il me relance en ces lieux...

DALYELL

Non, détrompez-vous. Je suis venu pour rendre service à l'époux de la princesse Catherine Gordon...

WARBECK

Ah, mylord, vous êtes bien ce chevalier sans reproche...

DALYELL

Ne vous hâtez pas de me remercier !... Pour me rapprocher de vous il a fallu que d'injustes malheurs vous menacent...

WARBECK

Des malheurs !... Il n'en existe plus pour moi. Depuis un instant, je suis à l'épreuve des catastrophes.

DALYELL

Tant mieux... Car il faudra vous armer de philosophie. Ne comptez plus que sur vos propres forces... Vous êtes trahi !

FRANS

Ciel!

WARBECK

Je plains les traitres...

DALYELL

Estimant sans doute que la douairière de Bourgogne ne lui payait pas assez cher les services qu'il vous rend, Etienne Frion s'est vendu au comte d'Oxford, ou pour mieux dire il se flatte de vous avoir vendu à vos ennemis...

FRANS

Le misérable!

WARBECK

Bon débarras! J'aurais fini par congédier moi-même ce Bourguignon... Mais j'y songe, nous étions convenus avec lui, de donner ce matin, l'assaut à Bodnam...

DALYELL

N'en faites rien... Vous tomberiez dans une embuscade que le comte d'Oxford vous a tendue à une lieue d'ici, où il vous attend avec une forte armée, Frion l'aura déjà rejoint...

WARBECK

Ils ne me tiennent pas encore!

DALYELL

Je suis heureux de vous trouver l'âme si vaillante, mais ce qu'il me reste à vous apprendre est le plus désolant. N'attendez plus de renforts de notre côté. Je suis même le seul Ecossais qui vienne se joindre à vous. Précisément le seul sur qui vous ne comptiez pas.

WARBECK

Et j'avais tort. (Lui tendant la main.) Votre appui compense bien des défections!

DALYELL

En manquant à leur parole, les princes ont mis le droit de votre côté. Ne jugez pourtant point trop sévèrement mon jeune maître...

WARBECK

Le roi Jacques!

DALYELL

Il s'est laissé détacher de vous...

WARBECK

Lui! Ce jeune homme chevaleresque qui avait pris si spontanément mon parti...

DALYELL

Ah, cela n'a pas été tout seul. Longtemps on l'a flatté, puis menacé en vain. Il ne voulait rien entendre. L'évêque de Durham, l'ennemi irréconciliable de cette maison d'York, dont vous êtes le dernier espoir, a fait intervenir le légat du pape qui suspendit les foudres de l'église sur la tête de mon roi. Alors il a cédé non sans pleurer de rage et sans me prendre à témoin de la violence qui lui était faite...

FRANS

Moi, je me serais plutôt fait excommunier!

WARBECK

Pauvre petit roi! Mais il me reste la duchesse douairière de Bourgogne.

DALYELL

En supposant qu'elle vous soutienne encore, elle aussi aurait les mains liées. Sous la pression des marchands d'Anvers un traité de commerce se négocie entre Maximilien et Henri VII. Il en résulte l'interdiction de recruter encore des troupes à votre profit dans les Pays-Bas. Bref, le pape avec toute l'Europe exige la paix et on la conclut à vos dépens. On vous avait accueilli comme un messie, voilà qu'on vous traite en Antéchrist. Je tiens toutes ces nouvelles du roi d'Ecosse qui m'a lui-même dépêché secrètement vers vous pour vous mettre en garde contre les embûches d'Oxford et pour vous demander son pardon...

WARBECK

Je lui dois trop pour lui en vouloir jamais !... (pause) Et que me conseillez-vous, Dalyell ?

DALYELL

Une chance vous reste... N'attendez pas le matin ; prenez les devants, frappez-les de surprise. A la tête de vos fidèles Flamands et de vos paysans de Cornouailles vous vous frayerez un passage à travers leurs lignes.

WARBECK

Oui... Et je mourrai si je n'y parviens pas... Ah! cette trahison, cet opprobre, cette mise en interdit me fortifie et me rehausse à mes propres yeux. Je compte donc pour quelque chose qu'ils se sont mis, tant de têtes couronnées, à me disputer ma couronne... Vous avez raison, mylord, de vous rallier à moi!... Vous verrez si je suis de la trempe dont Dieu fait ses pasteurs de peuples... Et toi, Frans, tu as entendu?

FRANS

Oui, sire. A présent il importe que vous soyez roi, malgré eux; pour votre femme, pour vous-même, vous vous devez à tous deux de relever le défi et de tenir fièrement tête à cette coalition.

WARBECK

Inutile donc de donner suite pour le moment à ce que nous avions décidé tout à l'heure.

FRANS

Ce n'est pas le moment en effet... mais, puisque...

WARBECK

Je devine ton désir... mylord, (à Dalyell) vous vous proposiez de combattre à mes côtés. J'attends une aide encore plus précieuse de votre courtoisie... Plus que jamais la fortune peut m'être contraire cette nuit... J'avais chargé celui-ci (désignant Frans) de conduire la princesse en Ecosse, en attendant l'issue de la campagne. Votre bras est plus fort que le sien ; puis, vous connaissez mieux le pays et les routes... Aussi, je crois aller au devant de vos vœux en vous choisissant pour cette mission... Je te confie ce que j'ai de plus cher au monde, Dalyell.

DALYELL

Je veillerai sur elle, comme vous l'auriez fait vous-même, mylord... Je vous en donne ma foi de chevalier.

WARBECK

Frans, tu regrettais de me laisser seul. Sois heureux, tu ne me quitteras plus.

FRANS (lui prenant la main et la portant à ses lèvres)

Ah, je vous bénis, monseigneur.

WARBECK

Dalyell, s'il m'arrivait malheur, si je succombais avant d'avoir pu ceindre du diadème le front de ma femme, tu lui diras, n'est-ce pas que j'avais bien mérité de son amour, que j'étais digne d'elle et que je suis mort en prononçant son nom. En expirant la conviction me sera douce aussi, d'avoir obtenu l'estime de lord Dalyell !... Frans, nous partirons avant le réveil de la princesse... car elle ne consentirait jamais à cette séparation. Cependant, la revoir un instant... (il se rapproche de la tenture et la soulève; puis il murmure comme une prière :) Catherine, mon aimée... Dieu vient d'ajourner l'heure de ma confession... En ce moment, il ne faut pas que ta foi en ton époux risque d'être troublée. Tu ne dois pas avoir épousé un prince de contrebande. Désormais il ne m'est plus permis d'abdiquer avant d'avoir été couronné roi, et alors je n'abdiquerais que par ton ordre, déposé, et renié par toi, ma Catherine !... Adieu !... (Il s'éloigne avec effort) Adieu Dalyell !... Viens, mon Frans!...

(RIDEAU)

TROISIÈME ACTE

TROISIÈME ACTE

Une salle dans le palais de Westminster. Ameublement de style sévère. Table recouverte d'un tapis. Fauteuils gothiques.

SCÈNE Ire

LE COMTE D'OXFORD, L'ÉVÊQUE DE DURHAM

L'ÉVÊQUE

Mylord, faut-il croire la nouvelle qui circule dans les galeries de Saint-Paul, et sur les quais de la Tamise? Le pseudo Richard IV aurait été pris non loin des côtes de la Cornouailles?

OXFORD

Rien n'est plus exact, mylord.

L'ÉVÊQUE

Je vous félicite de tout cœur.

OXFORD

Des courriers arrivés à l'instant me donnent le détail de l'affaire. Ce n'est qu'en brûlant les étapes que je suis arrivé ici quelques heures avant notre homme, le temps de lui retenir son logement dans la Tour!...

L'ÉVÊQUE

Ce larron dans la prison des criminels de qualité !

OXFORD

Oui, par une longanimité excessive notre roi n'a pu se résoudre à l'incarcérer dans la Flotte avec les malandrins ordinaires... Comme vous le savez, j'étais allé là-bas négocier la capture du duc Perkin avec son ministre Frion. Ce transfuge de Marguerite d'York m'a fort bien servi. Toutefois la chose nous a coûté plus de trente deniers et ne s'est pas accomplie sans peine. Tandis que par une attaque feinte nos hommes occupaient d'un côté le gros de l'armée du prétendant, Frion attirait Warbeck et ses fidèles à l'autre bout du champ de bataille par un grand hourvari de cavalerie, de fanfares et d'armes entrechoquées... L'étourneau est allé donner tête baissée dans l'embuscade!... Mais la nouvelle de sa prise n'a pas suffi, comme nous nous en flattions pour disperser ses rustauds de Cornouailles et ses pirates flamands qui se sont battus en désespérés et qui se sont fait occire presque jusqu'au dernier après nous avoir pas mal tué de monde... Perkin, acculé et convaincu pourtant de la vanité de sa résistance, s'était débattu comme un vrai diable...

L'ÉVÊQUE

Qu'il n'est pas seulement au figuré !...

OXFORD

Comme l'ordre du roi était de nous en emparer vivant, ainsi que de son complice Frans de Bruxelles, je vous laisse à penser si nos soldats ont eu du mal à se saisir des deux drôles! Enfin, voilà qui est fini!... Mais il était temps. Ici même, à Londres, la sédition commençait à fermenter... Vous ne vous imaginez pas ce que ce jeune maraud a fait de dupes et de prosélytes...

L'ÉVÊQUE

Avec l'aide de Belzébuth et Dieu sait par quelles machinations sacrilèges! Aussi j'espère bien le voir traité comme nous servîmes autrefois son aïeule en sorcellerie, la fameuse pucelle d'Orléans...

OXFORD

Malheureusement, il faudrait pour cela, que le roi consentît à nous le livrer. Mais vous connaissez notre maître. Plus que jamais il se pique de magnanimité. Et maintenant qu'il tient ce félon, vous verrez qu'il mettra de la coquetterie avant de lui allouer le salaire de son imposture... Aussi, à la rigueur, j'entretiendrai l'humeur factieuse de nos apprentis de Blackheath et je menacerai le roi d'une nouvelle révolte de Jack Cade.

L'ÉVÊQUE

Bon expédient, en effet... Mais à propos de Warbeck, je n'avais pas attendu l'événement de son arrestation pour solliciter l'intervention du Saint Père. Le prêtre que j'envoyai à Rome nous rapportera bientôt l'annulation du mariage de Catherine Gordon, annulation soumise à une condition formelle ainsi que je vous en ai prévenu. Le divorce n'est canoniquement valable que si l'un au moins des deux époux a réclamé la séparation...

OXFORD

Soyez tranquille, mylord. D'ici au retour de votre courrier, la princesse Gordon aura sollicité l'intervention du vicaire de Dieu. Aussitôt que la basse extraction de Warbeck aura été démontrée à la princesse, elle se réjouira de la délivrance que nous lui ménageons.

L'ÉVÊQUE

En effet, il est inadmissible qu'elle eût consenti à épouser un vilain. Mais que devient cette princesse ?

OXFORD

Elle, aussi, est arrivée à Londres. Le roi la retient

prisonnière ou mieux en ôtage, dans son propre palais. Le prétendant l'avait confiée à Lord Dalyell ?

L'ÉVÊQUE

A ce poursuivant évincé de la dame ?

OXFORD

Parfaitement. Dalyell était chargé de la reconduire en Ecosse en attendant l'issue de la campagne. Averti par un émissaire de Frion, je leur ai fait donner la chasse. Mes hommes sont parvenus à les rejoindre au moment où ils s'embarquaient. Ce Dalyell s'est battu, lui aussi, comme un lion... Il n'aurait pas protégé sa propre femme avec plus de vaillance !

L'ÉVÊQUE

Et cependant il se trouvait dans la situation de ce chien d'un antique apologue...

OXFORD

Vous voulez dire qu'il ne défendait que le dîner de son maître. Mais ce qu'il a pris son rôle au sérieux ! A lui seul il a fait presque autant de ravages parmi nos soldats que les rustres de la Cornouailles et ces écumeurs de l'Escaut. Et comme ce Dalyell est un des favoris de Jacques d'Ecosse, notre nouvel allié, la consigne interdisait à nos hommes de lui endommager la peau. Ils l'ont amené ici avec sa protégée.

L'ÉVÊQUE

Avez-vous déjà revu la princesse ?

OXFORD

Non, mais je me suis ménagé une entrevue avec elle, ici-même où le roi vient de la faire mander...

L'ÉVÊQUE

Puissiez-vous la prévenir contre l'imposteur!... Vous savez si je suis dévoué à vos projets.

OXFORD

Aussi, combien je vous dois de reconnaissance...

L'ÉVÊQUE

C'est plutôt moi qui suis votre obligé, car, en déjouant les complots de la duchesse de Bourgogne vous me fournissez l'occasion de consommer la déchéance de cette odieuse maison d'York et de venger la rose rouge de Lancastre, le saint roi martyr Henri VI, mon premier maître. Pendant que vous parlerez à la princesse, je cours complimenter notre seigneur au sujet de la capture de Warbeck; puis nous vous rejoindrons ici pour préparer la confusion et le supplice de ce drôle...

(Il sort.)

SCÈNE II

OXFORD

Ah, Catherine! Altière et méprisante Catherine que tu le veuilles ou non, tu seras enfin ma femme! (Il fait jouer un timbre. A l'estafier qui se présente :) Faites entrer la princesse Catherine et mylord Dalyell!

SCÈNE III

OXFORD, CATHERINE, DALYELL

DALYELL (se porte impétueusement dès son entrée vers Oxford)

Mylord, m'expliquerez-vous cette agression? Est-ce par votre ordre qu'on nous a attaqués et qu'on nous retient captifs? De quel droit éloigne-t-on la princesse Gordon de l'époux qu'elle s'est choisie par le Saint Sacrement du mariage?

OXFORD

Tout doux, mylord!... Réfrénez ce zèle pour les intérêts du malencontreux époux de madame... Et sachez que tous deux vous fûtes conduits ici par ordre de mon royal maître.

CATHERINE

Non, Oxford! Tu calomnies, Richmond. Pourquoi m'aurait-il séparée de mon époux?

OXFORD

C'est vous qui vous sépariez de lui! On n'a fait que vous amener à Londres où cet homme se trouve en ce moment.

CATHERINE

Richard est ici! à Londres! Battu!... Prisonnier!... mais il vit...

OXFORD

Pas un cheveu n'est encore tombé de sa tête.

CATHERINE

Je demande à lui être rendue.

OXFORD

Non, vous ne devez plus le revoir, celui qu'on vous donna pour époux en un jour à jamais néfaste.

CATHERINE

Un jour néfaste!... Ah, je bénirai jusqu'à mon dernier soupir, le jour où je suis devenue la femme de Richard d'York!... Allons, vite, qu'on me montre le chemin de sa prison!

OXFORD

Encore une fois, madame... Plus jamais sa présence ne souillera l'air que vous respirez.

CATHERINE

Et si je veux, moi, me parfumer de sa douce haleine,

m'épanouir sous ses chers yeux, de quel droit m'en empêchera-t-on ?

OXFORD

Du droit qui vient de Dieu même. En attendant que notre Saint Père le pape ait prononcé votre divorce, c'est par ordre du roi que vous êtes séparée pour toujours d'un indigne époux...

CATHERINE

Non, non, rien ne m'arrachera au duc d'York... Oxford, tu l'exaltes jusqu'aux nues en t'efforçant de l'outrager.

OXFORD

Oubliez au plus tôt cet... aventurier. Son véritable nom souillerait vos lèvres.

CATHERINE

Il n'est point de musique qui s'exhale avec tant de douceur, de fruit qui fonde plus délicieusement dans la bouche, que les syllabes de ce nom vénéré : Richard, mon beau duc d'York...

OXFORD

Ce n'est pas sous ce nom que les valets du bourreau afficheront bientôt cet imposteur au poteau d'infamie.

DALYELL

Ah fi, mylord; il est indigne d'un gentilhomme d'insulter au malheur d'un ennemi vaincu ou plutôt... vendu.

OXFORD

Mylord, il ne s'agissait que d'un traître, d'un ennemi de mon roi.

DALYELL

Par saint Georges, mylord, quel prudent serviteur vous faites! Vous vous abriterez donc toujours sous le couvert de votre maître?

OXFORD

Et vous-même, estimez-vous heureux de vous trouver en ce moment sous son toit, car sinon...

DALYELL

Tant pis!... L'un de ses roquets abuse terriblement de notre patience! Et il me démange de le corriger.

(Il s'est porté vers Oxford et, la main levée, il va le souffleter, mais avant qu'il en ait eu le temps, sur un signe du comte les gardes qui ont amené Catherine et Dalyell se saisissent de celui-ci.)

CATHERINE (qui s'était jetée entre Oxford et Dalyell)

Dalyell !

OXFORD

Quant aux dogues furieux, on les enferme!... Reconduisez, mylord Dalyell, dans ses appartements... Veillez à ce qu'il ne manque de rien! Mon gracieux maître le tient en une estime toute particulière... Et mon zèle pour le service du roi m'empêche même de ressentir en ce moment l'injure que ce gentilhomme se flatte de m'infliger... Au revoir, mylord, nous règlerons ce petit compte en un moment et en un lieu plus opportuns.

(Les gardes entraînent Dalyell; Catherine fait un mouvement pour le suivre.)

SCÈNE IV

OXFORD, CATHERINE

OXFORD

De grâce, demeurez, princesse... J'ai à vous entretenir d'un objet qui vous touche de très près; il s'agit de votre rang, de votre honneur.

CATHERINE

Non, trêve de conversations... Laissez-moi me retirer...

OXFORD

Je vous inspire donc tant d'horreur, Catherine... Voyons, est-ce ma faute, si les circonstances ont pris cette fâcheuse tournure pour vous, si l'on vous fit contracter une affreuse mésalliance et si... vous vous êtes prêtée avec trop de complaisance à cette union?

CATHERINE

J'en ai déjà trop entendu... Laissez...

(Elle va vers la porte.)

OXFORD (la ramenant)

Vous m'entendrez jusqu'au bout... Est-ce ma faute, encore, dites, si ce... damoiseau s'avisa pour mieux mériter vos bonnes grâces de vouloir supplanter le roi légitime de ce pays? Qu'en puis-je, s'il s'est fait battre et prendre au piège? Mon rôle à moi se borne à vous épargner les conséquences de l'équipée de ce... petit Flamand. Le roi lui-même m'a fait l'honneur de me commettre à votre sécurité Ne me suis-je pas acquitté loyalement de cette mission? Vous ai-je manqué d'égards? Qu'avez-vous à me reprocher?

CATHERINE

Encore une fois, épargnez-moi ces sarcasmes. Ou bien est-ce pour me torturer à votre aise que vous venez de m'enlever mon dernier protecteur. En ce cas, continuez!... C'est beau, c'est courageux, c'est bien digne de vous, et cela vous achève comme une signature au bas d'un tableau... A ces procédés chevaleresques je reconnais ce comte d'Oxford que je commençai à apprécier naguère à Edimbourg.

OXFORD

Madame... Prenez garde!

CATHERINE

Eh bien, quoi?... On ne ricane plus? En finirions-nous déjà?... Quelque volupté qu'il goûte à prolonger les affres de sa victime, il arrive un moment où le tigre lui accorde le coup de grâce... Vous ne serez pas plus cruel que le tigre... Faites diligence et rappelez vos satellites...

OXFORD

Catherine Gordon, ne me tentez point!... A l'instant je m'adressais à votre raison, je vous parlais respectueusement, je me faisais l'interprète des désirs du roi, je vous préparais à un divorce que Sa Majesté elle-même a voulu...

CATHERINE

Tu mens, Oxford... Henri Tudor n'a aucun intérêt à ce divorce...

OXFORD

A la rigueur ce divorce n'est pas indispensable, puisque bientôt vous serez veuve.

CATHERINE

Veuve!

OXFORD

Mais oui... Par égard pour vous, le roi tenait à vous fournir l'occasion de prendre vous-même les devants d'une séparation, et de répudier le misérable Warbeck avant qu'une mort violente vous eût débarrassée de lui!

CATHERINE

Henri attenterait à la vie d'un prince de la maison d'York!...

OXFORD

Tarare!... Il n'y a plus que vous, femme simple et crédule, pour croire en ce faux Plantagenêt.

CATHERINE

Oui, je crois en lui, je crois en sa naissance, en son droit, en sa mission, comme en la divinité du Très Haut!...

OXFORD

Si, cependant, on vous prouvait son imposture ?

CATHERINE

Impossible !

OXFORD

Si lui-même avouait son crime ?

CATHERINE

Tel que je le connais, la torture même ne le contraindrait à cette apostasie...

OXFORD

Mais encore, s'il s'était trompé, si on le lui prouvait à lui-même ?

CATHERINE

N'importe, je l'aime, je continuerais à l'aimer...

OXFORD

Tu veux donc qu'il meure ? C'est toi qui le perds !

CATHERINE (agenouillée)

Miséricorde de Dieu !... Et vous, son frère assassiné, son bon ange gardien, âme bienheureuse du petit roi Edouard V, veillez sur lui!

OXFORD

A toi plutôt d'avoir merci; toi seule peux le sauver!

CATHERINE (elle se relève)

Moi?... Non, l'espoir que tu me fais luire est une cruauté de plus.

OXFORD

A toi de le sauver, te dis-je... Malgré le roi..., malgré la politique, malgré la raison d'Etat qui nous ordonne sa mort, ce Flamand vivra...

CATHERINE (égarée)

Il vivra!... Les corbeaux ont cessé de croasser autour du gibet; l'hyène ne réclame plus de cadavres; le hibou a salué le soleil!... Oxford je ne te connais plus.

OXFORD

Toujours des outrages !... Et pourtant tu as tort... C'est mal, c'est imprudent, ne crois-tu pas, en cette heure critique ? Car plus tu mets d'exaspération à me haïr, plus il te sera pénible tout à l'heure de feindre de la complaisance pour moi...

CATHERINE (n'osant comprendre)

Ah !

OXFORD

Eh oui ! De te montrer gentille, de faire au moins semblant de m'aimer... Ah ! il le faudra, Catherine ; de bonne ou de mauvaise grâce... mais il le faudra...

CATHERINE

Tue-moi !

OXFORD

Je n'en aurai garde... Je t'aime trop pour cela !

CATHERINE

Il m'aime !

OXFORD

Tu te laisseras fléchir si tu veux qu'à mon tour je consente à épargner ton... mignon.

CATHERINE

Mon Dieu!... mon Dieu!... mon Dieu!...

OXFORD

M'aimer un rien... Te donner, non, te prêter un peu à ma fièvre. Quelques baisers de tes lèvres!... Quelques minutes de ta vie!

CATHERINE

Jamais!... Jamais!

OXFORD

Ce n'est pas ton dernier mot... Ecoute, je n'exige même plus le divorce... Je suis bon prince... C'est un marché onéreux pour moi! Tu m'aimeras un instant... pour toute une vie que je lui laisse... Je fais mieux encore : je te le rends, je vous réunis pour toujours... Oui, vous vous aimerez désormais sans un obstacle...

Ah, cruelle, songes-y bien! A moi une promesse de félicité... un simple leurre... un avant-goût du Ciel... puis l'enfer!... A lui l'éternité et l'infini de ton amour! Et tu hésites?

CATHERINE

Oui... oui... qu'il meure!

OXFORD

En ce cas, je vous désespérerai tous les deux...

CATHERINE

Bravo! Te voilà toi-même!... Tu es plus ressemblant ainsi!

OXFORD (éperdu, regardant autour de lui, la traînant par les poignets, presque par terre)

Si le roi n'allait venir!... Mais aujourd'hui même, ce soir, chez toi... dans ce palais!... J'éloignerai tout le monde...

CATHERINE

Monstre!... O mon Richard!

OXFORD

Tu peux l'appeler, ton Richard... J'y songe. Pour que ma vengeance soit complète, je veux qu'il te maudisse en expirant... Si je lui racontais que je t'ai possédée, il lui resterait la consolation de ton amour. Tu n'aurais cédé qu'à la violence... Non, non ! Tu seras infidèle, parjure, tu l'auras trahi ! C'est toi qui as demandé le divorce, c'est toi qui le renies...

CATHERINE (sarcastique)

Pour t'épouser ! Ah ! ah !

OXFORD

Non, pour épouser ton premier adorateur, ce platonique Dalyell !

CATHERINE (terrifiée, désespérée)

Tu ne feras point cela, Oxford ?... Non !.... D'ailleurs il ne te croirait point !

OXFORD

Dalyell est beau, jeune, bien en cour... Il ne vous aurait rejoint en Cornouailles que pour devenir le paladin de son rival ?

CATHERINE

Lord Dalyell est le plus noble des caractères!...

OXFORD

Aussi la princesse Catherine a-t-elle raison de l'aimer. Pitoyable Warbeck voilà de quoi attiser tes affres dernières!

CATHERINE (à genoux, suppliante)

Oxford!... Prends moi!... Puis tu me tueras; ce sera bien fait... Mais grâce pour lui, ou du moins grâce pour son amour, grâce pour sa foi... Oui, qu'il meure aussi... mais je t'en supplie... Oxford... qu'il meure en m'aimant... en me croyant toujours digne de lui! Ah! J'étouffe... A moi!... De l'air!

(Elle défaille.) (Bruit de pas.)

OXFORD (tendant l'oreille)

On vient!... (Il relève Catherine et lui serre les poignets) Silence! Pas un mot de ce qui s'est passé entre nous ou c'est aujourd'hui même que votre époux sera supplicié, mais après avoir appris d'abord votre trahison!

DEUX PAGES (soulevant et écartant les portières)

Le roi!

SCÈNE V

CATHERINE, OXFORD, LE ROI HENRI VII, L'ÉVÊQUE DE DURHAM

(Catherine se dirige en chancelant vers Henri VII. Elle va parler: Oxford passe par un moment d'angoisse ; mais il se rassure peu à peu, Catherine s'étant ravisée.)

CATHERINE (elle s'est jetée aux pieds du roi)

Ah... Le roi... Richmond !... Pitié, sire !

HENRI

Pourquoi cet émoi, princesse? (Il la fait se relever avec bonté en la prenant par la main et il la conduit doucement jusqu'à un fauteuil). Mon apparition vous trouble à ce point? En ce cas j'en serais bien confus, car nul ne compatit plus que moi à vos infortunes !... Malheur à celui qui vous manquerait !... Seul le souci de votre réputation et de votre rang m'a contraint de vous retenir provisoirement à Londres... Mais c'est mon palais que je vous assignais pour retraite et c'est aux plus galants seigneurs de ma cour que j'accordais l'honneur de vous garder, en m'estimant moi-même le plus humble et le plus empressé de vos servants.

(Il lui baise la main et la fait asseoir.)

CATHERINE

Merci, généreux Richmond... vous aurez pitié... vous ferez grâce...

(Elle éclate en sanglots.)

HENRI

Madame, consolez-vous! Le tout premier je déplore la fatalité qui vous prit, vous si noble et si touchante, pour le jouet de cette exécrable aventure... Et j'en veux presque autant à ce félon d'avoir capté votre main que d'avoir convoité ma couronne!...

CATHERINE

Et pourtant, sire, je vous implore pour cet infortuné, pour mon époux, Richard duc d'York.

HENRI

Quoi, madame!... Vous osez intercéder en faveur de ce rebelle et le parer du nom d'un des saints Innocents du Paradis égorgés par un nouvel Hérode! Oubliez-vous que cette démarche vous rend presque complice de ce Warbeck?

CATHERINE

Non pas... S'il est coupable je le suis autant et même plus que lui... Le soir même où je le vis pour la dernière fois, il aspirait à une existence obscure. C'est moi, hélas, qui lui imposai d'être roi!

HENRI

Il avait abusé de votre amour et de votre candeur... Et c'est encore à votre égarement que je veux imputer votre outrageante intercession... Toutefois, qu'il ne soit plus jamais question du contrat qui vous attachait à ce misérable...

L'ÉVÊQUE

Hâtez-vous de renier un pacte diabolique et de demander au Ciel l'annulation d'un vœu dont vous ignoriez l'exécrable nature...

HENRI

Nous sommes décidés à vous affranchir malgré vous

de cet odieux vasselage... d'accord avec lord Huntley, votre père, qui vient d'arriver...

CATHERINE

Mon père, ici?

OXFORD (à part)

Pour contrarier mes projets!

HENRI

C'est notre royal cousin d'Ecosse qui nous l'envoie et qui le charge d'épouser en son nom notre bien-aimée fille Marguerite. Vous le verrez à l'instant, car il lui tarde de vous prodiguer ses consolations... Plus tard quand vous aurez repris possession de vous-même et que le Souverain Pontife vous aura dégagée d'un lien infâme, nous vous proposerons de choisir entre deux partis dignes de vous : l'un est le comte Dalyell, particulièrement cher à lord Huntley, et l'autre, ce noble comte d'Oxford que je vous recommande moi-même...

CATHERINE

Dieu m'est témoin que je n'aime et n'aimerai jamais que mon Richard... Dailleurs lord Dalyell est trop fier et trop généreux pour se conquérir une épouse en profitant du malheur d'un rival.

HENRI

Et que diriez-vous de mylord d'Oxford ?

CATHERINE (hésitante, puis avec défi)

Pour se rendre digne de votre patronage, sire, le comte d'Oxford ne sera pas moins fier que lord Dalyell...

OXFORD (à part)

Bien joué!... Mais j'aurai ma revanche.

L'ÉVÊQUE (bas à Oxford)

Heu! Elle m'a l'air de chérir ce Warbeck plus tendrement que jamais.

OXFORD (à l'évêque)

Parce qu'elle croit encore en son illustre naissance. Attendez qu'il soit démasqué...

HENRI

Brisons-là, madame... Le moment n'étant pas venu d'insister sur les mérites de ces deux gentilhommes... Puissent la solitude, la méditation, les sages avis de votre père et aussi le pieux ministère de monseigneur de Durham vous dessiller les yeux et vous guérir d'un amour que le Ciel même aura réprouvé... Adieu.

(Le roi baise respectueusement la main à Catherine et la confie à l'un des pages. Un combat se livre en Catherine. Dénoncera-t-elle Oxford ? A la porte elle se retourne vers le roi, lui tend les mains jointes, mais un geste et un regard du comte qui se tient derrière Henri l'ont matée et elle se résigne à sortir, échevelée.)

SCÈNE VI

LES PRÉCÉDENTS MOINS CATHERINE

HENRI

Infortunée princesse ! Comment ce baladin a-t-il pu l'affoler à ce point !

L'ÉVÊQUE

Le mal est plus profond que je le croyais. Pour la

délivrer je crains bien qu'il nous faille recourir à des exorcismes.

HENRI

Pourtant je ne puis croire aux artifices du démon. La grâce, la beauté et l'intelligence de la princesse repoussent cette conjecture... Il me tarde de voir Perkin Warbeck ?

OXFORD

J'ai donné ordre de le traîner jusqu'ici avec son principal complice...

HENRI

Je suis prêt à les confondre.

SCÈNE VII

LES PRÉCÉDENTS, PERKIN WARBECK, FRANS

Les deux prisonniers sont amenés par les gardes qui se tiennent derrière eux.)

OXFORD

Quoi ! Vous demeurez debout! Et sans crier merci. A genoux, traîtres.

WARBECK

Les rois ne s'agenouillent que devant Dieu !

HENRI

Les rois dis-tu ?

WARBECK

Mes pareils.

OXFORD

A genoux si tu ne veux que l'on te tranche les jarrets !

HENRI

Non, Oxford. Ne le brusque pas. Approche, malheureux jeune homme. Abandonne cet air de bravade et cette attitude farouche. Cette mine rogue ne te sied pas. Humilie-toi. Le roi d'Angleterre est disposé à t'entendre avec patience, à t'excuser, à te pardonner peut-être.

WARBECK

Le roi d'Angleterre ? Non pas !... Vous êtes Henri Tudor, dit le Gallois, comte de Richmond...

OXFORD

L'effronté pendard !

HENRI

Silence, Oxford!... Il me plaît d'éprouver jusqu'à quel point ce pauvre garçon a le cerveau écorné... Tu disais, jeune homme?

WARBECK

Puisqu'il faut te le répéter, tu n'es autre que cet Henri Tudor qui vécut longtemps en paix à la cour du duc de Bretagne, aux frais de mon royal père Edouard IV, jusqu'au jour où mon oncle Gloucester...

L'ÉVÊQUE (ricanant)

Son royal père Edouard! Son oncle Gloucester!...

HENRI

Ne l'interrompons point.

WARBECK

Oui, jusqu'au jour où Gloucester, notre oncle dénaturé, l'assassin de mon auguste frère, le roi Edouard V, eût ravi la couronne à ses neveux, et où, l'ambition s'éveillant en ton âme, tu débarquas à Milford, pour y défaire et immoler l'usurpateur dans les champs de Bosworth.

HENRI

Convenez avec moi qu'il récite admirablement sa leçon. Mais dis-moi, petit, me reprocherais-tu cette journée de Bosworth?

L'ÉVÊQUE

Suscité par la Providence le comte de Richmond, vengeait les deux enfants royaux et tant d'autres victimes de Richard III. Dieu même avait armé le bras du justicier.

WARBECK

En effet, à Bosworth, Richmond était le bras, l'élu de Dieu!

HENRI

Aurait-il cessé de l'être?

WARBECK

Oui, depuis le jour où, tenté peut-être par l'ombre infernale de Gloucester, il osa parer son front de la couronne des Plantagenêts...

HENRI

N'étais-je pas l'héritier légitime?

WARBECK

Jamais... L'épée du lord Protecteur aurait dû vous suffire, en attendant de restituer son royaume au fils d'Edouard...Tu ne détrônas l'usurpateur que pour commettre une spoliation encore plus odieuse.

OXFORD

Chaque parole de ce faussaire est un attentat. Il eut fallu déjà lui arracher cent fois la langue comme on fait aux blasphémateurs...

HENRI

Laisse donc, Oxford. Ne vois-tu pas que je me donne la comédie... Ma foi, ce jeune histrion n'est pas le premier venu. On l'a fort bien stylé à la cour de Bruxelles et il joue son rôle à nous faire illusion... Mais en voilà assez, petit!... Il n'est si bonne comédie qui ne doive finir. En insistant tu perdrais le bénéfice de ta gaie science; tu lasserais la longanimité du spectateur le plus indulgent et cette sotie assez inoffensive jusqu'à présent pourrait entraîner un dénouement tragique pour son méchant auteur. Allons avoue de bonne grâce. N'est-ce pas que ce masque et ce déguisement royaux cachaient un jeune drôle flamand nommé Perkin Warbeck que subornèrent de malicieuses gens et qui abusa, sans penser à mal, de la candeur des francs-tenanciers de ce royaume?...

WARBECK

Je n'ai trompé personne. Je ne prétends qu'à ce qui me revient. Ce peuple eut raison de m'acclamer. Dieu même emportait vers moi l'élan de tous ces cœurs fidèles au sang de l'antique dynastie. Non, je ne suis point Perkin Warbeck, je m'appelle Richard d'York et le roi Edouard IV était mon propre père. .

HENRI

Voyons, mon enfant, pour la dernière fois : il y va de ta vie. Je t'adjure de ne point t'entêter dans cette grossière supercherie; ta jeunesse me touche d'autant plus que tu n'as pas l'air d'un coquin endurci. Cesse de faire le jeu des méchants qui exploitèrent ta jolie mine. Ouvre-moi ton cœur, Perkin : tu ne crois pas un mot de ce que tu racontes. Madame Marguerite t'a tourné la tête en te faisant mille fables absurdes. Dis-moi, tu n'es que le fils d'un artisan ?

OXFORD

Mais oui, Perkin, inutile de nier. Frion, ton premier ministre, nous a livré tous les fils de la conjuration. Assez mentir !

WARBECK

Oxford, c'est en reniant mon illustre origine que je mentirais. De tout temps la trahison a guetté les rois. La félonie de Frion et ma capture ne prouvent rien contre la justice de ma cause. La mort même ne prévaudrait point contre mon droit. La fortune continue à persécuter la race d'York en ma personne. Hélas la malédiction de Marguerite d'Anjou pèse sur la rose blanche !... Voilà comment la Providence a semblé te favoriser, Richmond... Tu peux disposer de mes jours, mais non de mon honneur. Jamais je n'abdiquerai...

HENRI

Piteux sansonnet, tu m'auras assez souvent rabaché

ta chanson !... Hâte-toi d'abjurer ta majesté interlope, de descendre de tes tréteaux, de rejeter loin de toi cette marotte que tu pris pour un sceptre! A bas cette couronne de carton si tu ne veux que je la fasse river à ton front par des pointes de fer rougies au feu !...

WARBECK

Richmond, jusqu'à présent les rois de notre race se contentaient de frapper leurs victimes. Ils ne les foulaient pas aux pieds On voit bien que le sang des York ne coule point dans tes veines. Que ne cèdes-tu la place à tes exécuteurs ?

HENRI

Misérable enfant, tu m'engages à te livrer aux bourreaux !

WARBECK

Je les attends de pied ferme... Ceux de ma famille n'éludèrent jamais le supplice... A l'exemple de mon infortuné frère je serai deux fois roi, car le martyre est le plus éclatant des sacres. Mais s'il y a place dans votre cœur pour un reste de pitié, je l'implorerai en faveur de ce pauvre garçon qui partagea ma mauvaise fortune, et qui, convaincu de mon bon droit, crut aussi en ma bonne étoile. Puisque vous me tenez pour un imposteur, ayez égard à l'influence que j'exerçai sur mon entourage, épargnez ceux que j'entraînai dans ma mésaventure...

FRANS

O mon maître, je veux mourir avec vous !

HENRI

J'y consens... Les deux bateleurs exécuteront ensemble leur suprême voltige...

FRANS

Merci, comte de Richmond !...

WARBECK

Une toute dernière prière...

HENRI

Parle.

WARBECK

Qu'est devenue ma bien-aimée femme?

HENRI

La princesse Gordon a été rendue à son père.

WARBECK

Me sera-t-il accordé de lui dire adieu?

HENRI

Non, affranchie d'un nœud abominable, la princesse désabusée a cessé d'exister pour toi!

OXFORD

Et dans quelques jours elle sera la femme d'un autre!

WARBECK

Catherine!

HENRI

Elle épousera un gentilhomme digne de son rang...

OXFORD

Lord Dalyell.

HENRI (à Oxford)

Tu te désistes?

OXFORD (au Roi)

Non!... J'essaie de lui arracher son secret.

WARBECK

Lord Dalyell!... C'est impossible.

OXFORD

Lady Gordon a honte de toi!

WARBECK

Catherine me répudie! Je valais donc mieux qu'elle!

FRANS

Courage, maître!... Le malheur t'élève au-dessus des rois.

WARBECK (essayant de se roidir, mais égaré)

Sois tranquille, je ne plierai pas... Je mourrai

plus droit que jamais! N'est-ce pas que la voix du coq sonna ferme après le reniement de saint Pierre?

HENRI

Allons!... Qu'on les ramène à la Tour!...

WARBECK (au comble de l'exaltation, hors de lui)

Le véritable palais des York! Le billot et la hache y sont les reliques de ma famille et il me tarde de mêler le mien à tant de sang auguste qui les a rougis!... A moi ce billot sacré, prie-Dieu des martyrs, préférable au marche-pied d'un trône, car il représente le seuil de l'éternité!...

OXFORD

Alors, renonce à cet espoir, Perkin Warbeck; c'est la corde qui t'attend, la corde des vagabonds et des malandrins.

WARBECK

Qu'elle soit la bienvenue! Depuis que notre divin Maître a réhabilité le gibet de la croix, ce n'est plus déchoir, même pour un prince, que d'être pendu!

(Les gardes entraînent Warbeck et Frans.)

SCÈNE VIII

HENRI, OXFORD, L'ÉVÊQUE

(Henri VII demeure plongé dans une sombre méditation. Ses deux ministres respectent d'abord son silence, puis le comte d'Oxford se décide à interpeller le royal songeur.)

OXFORD

Que décidez-vous, sire?

HENRI (sortant de sa rêverie, un peu somnambulique)

Vous l'avez vu et entendu?... Quelle chaleur dans ses discours, quelle noblesse dans l'allure. Puis, cette ressemblance avec Edouard... Vous ne la nierez pas? Comment le mensonge aurait-il pu s'incarner en une aussi gracieuse enveloppe? Tandis qu'il proclamait ses titres et ses droits, je fus sur le point de le croire, tant l'accent de sa voix, le feu de ses regards, le pli hautain de ses lèvres m'allaient à l'âme... Avec quelle émotion il me priait pour son ami et combien fut sublime sa douleur en apprenant la prétendue trahison de sa femme. C'est au point que je faillis m'écrier : « Console-toi, malheureux! Ils mentent! Une chose au moins te reste : l'amour de Catherine

Gordon! » Et maintenant encore je doute, oui, je doute, et j'incline même à le reconnaître pour un Plantagenêt... Ah, mes amis, si nous nous trompions, si nous avions affaire au véritable duc d'York!...

OXFORD

Sire, revenez à vous!... Chassez de votre esprit une supposition aussi absurde. Moi je tiens au contraire ce Warbeck pour un coquin d'autant plus perfide qu'il se dissimule sous des apparences séduisantes...

L'ÉVÊQUE

Oui, sire, il n'a pas seulement conspiré avec Marguerite contre le roi, mais il a pactisé avec le diable, contre le souverain du Ciel? Comment expliquer autrement que par des sortilèges le prestige inouï qu'il exerce sur tous ceux qu'il approche, nobles ou vilains; l'assotement qui s'empara de Jacques d'Ecosse et lui fit jeter d'emblée sa cousine dans les bras de cet intrus, et comment admettre sinon le coup de foudre amoureux grâce auquel la superbe Catherine Gordon consentit sur le champ à une inqualifiable mésalliance! Tout à l'heure encore, vous avez vu avec quelle passion cette malheureuse exaltait son commerce diabolique?

HENRI

La beauté du prétendant, ses malheurs, la popularité de son père, n'auraient-ils pas été des incantations suffisantes?

L'ÉVÊQUE

Comment, sire! La popularité de son père! Le drôle vous aurait-il ensorcelé vous-même!... Hâtez-vous d'étouffer cette admiration qui confine presque à de la sympathie... Marguerite d'York est experte en kabbale. La prodigieuse ressemblance de ce mignon de l'enfer avec Edouard atteste précisément l'exécrable science de la magicienne. Si vous m'en croyiez ce ne serait pas seulement de haute trahison que je convaincrais ce sinistre damoiseau et ce n'est point par la corde que je le ferais périr, mais bien par le feu!

HENRI

Votre zèle pour les intérêts du Ciel vous égare mon saint homme. Les mauvais anges ne peuvent revêtir si touchante enveloppe, à moins que par contre les séraphins consentent à prendre la forme des démons... Dans sa blanche cuirasse d'acier poli sur laquelle éclatait l'or de ses boucles blondes, avec ses traits illuminés par une exaltation prophétique, où la douceur se mêlait à l'héroïsme, il m'évoquait ce vitrail de notre chapelle abbatiale représentant le grand saint Georges, protecteur de ce royaume.

L'ÉVÊQUE (en se signant)

Oh, sire !

OXFORD

Homme ou démon, c'est un imposteur et, pourvu qu'on nous en débarrasse, peu importe que ce soit en l'exorcisant comme un possédé ou en le pendant comme un gueux !

HENRI

Jusqu'à présent s'il n'a pas été formellement attesté que c'est lui la rose blanche d'York, on n'est point parvenu à établir par un signe irrécusable qu'il est le fils d'un vil tisserand des Flandres.

OXFORD

Vous régnez, sire... Cela suffit pour que nous le traitions en rebelle et en régicide. Il faut le supprimer.

L'ÉVÊQUE

C'est aussi mon avis...

HENRI

Quoi! Vous le feriez mourir, à supposer qu'il fût Richard d'York.

OXFORD

C'est justement en ce cas que je me montrerais implacable. Votre trône, la raison d'Etat, tout l'exige : l'un des deux est de trop sur cette terre. Ou Richard IV ou Henri VII.

HENRI

Mais c'est un crime que tu me conseillerais, Oxford!

OXFORD

Non, une mesure dictée pour votre propre conservation, c'est-à-dire pour la paix de ce royaume et pour le bien public.

HENRI

Ainsi, je consommerais le crime pour lequel j'immolai dans les plaines de Bosworth, l'assassin des enfants d'Edouard. Je deviendrais son complice, son sicaire en achevant la besogne que Tyrell ne parvint à exécuter qu'à moitié. Que dis-je? Je serais plus abominable encore que le monstrueux Gloucester: car je serais un hypocrite. Vous exigez le châtiment de l'imposteur? Mais il n'y aurait point d'imposture comparable à la mienne! Je serais le pire des prévaricateurs... Songez qu'après Bosworth, ce peuple m'acclama comme un vengeur envoyé par le Ciel pour frapper le bourreau du prince de Galles et du duc d'York. Et si je fus appelé au trône, c'est en récompense de ces équitables représailles. Or, c'est ce roi providentiel, ce paladin céleste, exalté comme tel par la population de ce royaume, qui trahirait sa vocation divine, en égorgeant le prince arraché une première fois à la mort par un miracle! Et c'est là ce que tu attendrais de moi, Oxford! Non, non, tu ne le veux pas.

OXFORD

Il le faut cependant... Car c'est du véritable duc d'York que vous auriez tout à craindre...

L'ÉVÊQUE

Le comte de Richmond servit autrefois les desseins de Dieu en remportant la victoire de Bosworth. Appelé par la volonté du même Dieu sur le trône d'Angleterre, il est du devoir du roi Henri VII de s'y maintenir.

HENRI

Même au prix d'un assassinat?...

OXFORD

En politique cela s'appelle autrement. Les rois n'assassinent pas! ils sacrifient, ils éliminent; ils ne sont pas plus responsables que la guerre.

HENRI

Autant confondre les assassins avec les héros, les chevaliers avec les bandits. Non, ces arguties ne me réconcilient point avec ton atroce expédient.

OXFORD

En ce cas, sire, il ne vous reste qu'à abdiquer. A moins que vous ne consentiez à partager le trône avec l'héritier légitime. Car épargner Warbeck, c'est reconnaître Richard IV... Allons, sire, pas de demi-mesures. Assez d'atermoiements. Achevez votre œuvre magnanime. Cédez la place ou du moins la moitié de la place. Restituez son héritage au jeune Richard d'York et n'attendez que de sa gratitude, pour les services que vous lui avez rendus, l'autorisation d'occuper à ses côtés le trône des Plantagenêts...

HENRI

Oxford, tu railles; tu oublies à qui s'adresse ce discours.

OXFORD

Pardonnez-moi, sire!... C'est mon dévouement à Votre Majesté qui me fait parler ainsi... Il n'y a qu'un trône en Angleterre. A vous d'agir, si vous voulez continuer à l'occuper. Epargner Perkin Warbeck, c'est reconnaître Richard IV. Aux yeux de votre peuple, c'est vous, Sire, qui serez l'intrus et l'usurpateur. Songez combien Edouard était cher à ceux de cette nation.

L'ÉVÊQUE

Au point qu'ils lui pardonnèrent ses débordements. Le paillard supplanta dans le cœur de ses sujets, la sainte et pure image du roi martyr Henri VI! Ils souriaient avec une aveugle mansuétude au scandale de ses adultères; ils lui permettaient d'afficher ses maîtresses et de choyer ses bâtards! Quel père montra plus d'indulgence pour les frasques d'un enfant prodigue!

OXFORD

En effet, si vous avez hérité de son prestige, c'est parce que vous avez puni l'égorgeur de ses enfants.

HENRI

Et c'est alors que tu me conseilles d'achever un de ses enfants !

OXFORD

Pour l'histoire, ces enfants furent étouffés tous deux comme deux oisillons au nid, sous l'oreiller fraternel. Vous avez bien mérité du peuple en faisant périr l'oiseleur féroce; vous le servirez mieux encore en tordant le cou au vil passereau qui veut se faire passer pour une des alouettes du bon Dieu. Sous le chaume, les bonnes gens évoquent sans cesse les deux tendres roses blanches d'York, broyées, à peine écloses, dans les doigts velus du mauvais jardinier. Que de larmes leur destin a déjà fait répandre! Comme une tiède rosée, ces pleurs ne cessent même d'aviver la blancheur séraphique de ces victimes! N'a-t-il pas suffi de la nouvelle que l'une des deux victimes avait survécu pour soulever une grande partie de vos sujets? Une seule victoire du prétendant entraînait la défection de vos troupes. Et vous encourageriez les espérances de ces masses sentimentales? Non, non, prenez les devants, sire, frappez un grand coup. Eh, oui, dussiez-vous même achever la besogne que Gloucester n'aurait exécutée qu'à moitié !

HENRI

Ah ! ce n'est pas vous, monseigneur de Durham, qui me donneriez ce conseil ? Faire périr le duc d'York !

L'ÉVÊQUE

Le duc d'York, jamais; quoique toute sa race me soit odieuse. Mais ce Warbeck, ce suppôt de Satan, je le ferais passer par les flammes du bûcher pour lui épargner celles de l'enfer.

HENRI

Si j'étais certain de son imposture !

L'ÉVÊQUE

La preuve de son crime ne vous fut-elle pas fournie depuis longtemps?

HENRI

- Que voulez-vous dire?

L'ÉVÊQUE

Auriez-vous oublié ce qui se passa sous votre tente la veille de votre victoire sur Gloucester?

HENRI

Ah, ce rêve..

L'ÉVÊQUE

Non, cette vision!

HENRI

Si je m'en souviens!... Ce soir-là, avant de me livrer au repos j'avais invoqué le Tout-Puissant en le suppliant d'accorder la victoire à celui qui combattait l'infanticide! Or, lorsque je me fus couché, voici que s'amassèrent à mon chevet de ces vapeurs que nos prairies de la Tamise dégagent à la chute du jour, et tandis que ces brouillards commençaient à me suffoquer, j'en vis surgir, soudain, deux enfants radieux comme des anges et pourtant tristes comme des orphelins. Ils se tenaient tendrement enlacés, le plus grand le bras passé autour du cou de l'autre, et sans que je les eusse jamais vus je devinai que c'étaient là des frères, des princes, les deux héritiers d'Edouard. Pendant que je les considerais, l'âme envahie par un attendrissement voisin de l'adoration, l'aîné des garçonnets prononça les paroles suivantes, d'une voix à côté de laquelle la plainte nocturne du rossignol ou l'hymne matinal de l'alouette aurait semblé des imprécations : « Dors, mon Richmond, dors en paix, et réveille-toi pour ta prospérité. Tes gardiens célestes te protègent contre les atteintes du solitaire. A toi de fonder une illustre dynastie de rois! Les enfants d'Edouard te prodiguent leurs bénédictions et se font les prophètes de ta gloire!» Et comme je m'agenouillais, cherchant à toucher leurs mains pour les baiser ils disparurent, tel s'évanouit un nuage dans l'azur de juillet ou plutôt ainsi que se déroberaient deux étoiles.

L'ÉVÊQUE

Et vous doutez encore, sire! N'est-ce pas des jardins du Paradis que les pauvres petits princes se firent entendre à vous? Leur prédiction ne s'est-elle pas accomplie? Quelle autre preuve vous faudrait-il du sacrilège de ce Warbeck? Ah, craignez par une fausse grandeur d'âme d'aller à l'encontre des décrets éternels!

HENRI

Une voix secrète m'exhorte à repousser les conseils de ce qui ne fut peut-être qu'une hallucination...

L'ÉVÊQUE

Un signe de Dieu!

HENRI

Quoique vous me prêchiez, je ne serai pas tranquille avant que ce misérable jeune homme ait lui-même avoué sa fraude.

OXFORD

Que ne nous autorisez-vous à le mettre à la question...

HENRI

Mutiler cette merveille de la nature!

L'ÉVÊQUE

Non, détruire l'œuvre du démon...

HENRI

Jamais!

OXFORD

En ce cas vous attendrez longtemps la confession de sa félonie. Il est gaillard à s'obstiner jusqu'au bout... Mais s'il parlait ? L'enverriez-vous au supplice?

HENRI

A moins qu'il ne se repentit. N'ai-je pas fait grâce à Lambert Simnel? Le faux duc de Clarence ne figure-t-il point comme fauconnier parmi les officiers de ma maison ?

OXFORD

Sire, il me vient une idée... Proposons-lui sa grâce par Lambert Simnel, à condition qu'il convienne de son imposture?

L'ÉVÊQUE

Faisons mieux. Autorisez-nous à mettre le prisonnier au pilori. L'exposition l'édifiera sur le sort qui l'attend s'il persiste dans son impénitence.

HENRI

Soit. Mais s'il se retracte, il est quitte.

OXFORD

Non, sire, ce n'est pas ainsi que je l'entends !

HENRI

Que te faut-il ?

OXFORD

Sa mort !

HENRI

Quoi ! Tu me conseilles de nouveau une action indigne d'un roi. Je lui arracherais un aveu par une promesse que je ne tiendrais pas. Ah, fi !

OXFORD

Sire, je me suis tu jusqu'à présent pour ne point vous alarmer... Mais déjà la révolte gronde parmi les apprentis de Londres. C'est là le fruit de vos scrupules trop chrétiens. Voilà comment la populace reconnaît votre modéraion. Nous courrons risque d'assister à l'explosion d'une nouvelle guerre des Deux Roses plus meurtrière encore que celle à laquelle vous mîtes un terme. Et quand il y va du sang de tout un peuple vous hésiteriez à étrangler cet imposteur ! Sire, au nom de votre couronne, au nom de l'Angleterre encore saignante de ses blessures, je réclame la tête de ce Warbeck, je m'attache à vos pas, je ne sors d'ici avant de l'avoir obtenue...

HENRI

Il le faut donc?... Il mourra... s'il avoue... Mais je ne veux pas que Lambert Simnel lui offre sa grâce...

OXFORD

C'est entendu, Warbeck ne périra que s'il avoue...

HENRI

A toi de préparer l'ordre d'exécution...

OXFORD (retirant une pièce de sa poche)

La pièce est prête et elle n'attendait plus que votre signature...

HENRI (parcourt la pièce et lit)

«... Ordonne que Perkin Warbeck, tisserand de Tournai, qui s'est reconnu coupable de lèse-majesté et de haute trahison en se faisant passer pour feu monseigneur le duc Richard d'York, soit pendu haut et court au gibet de Tyburn... » Allons!... (Il signe en soupirant...) Pauvre jeune homme!... Je ne pourrais m'empêcher de déplorer ta mort!... Mais non, tu vivras, malheureux égaré, car tu n'es ni un imposteur ni un démon!... C'est de bonne foi, que tu te proclames enfant de roi!... Et plus d'une fois, encore, je te croirai digne de ma couronne!

(Il se retire, songeur et accablé.)

SCÈNE IX

OXFORD, L'ÉVÊQUE

OXFORD

(Dès que le roi a franchi le seuil de la porte du fond et que ses pages ont laissé retomber la tenture derrière lui, Oxford s'empare avec une joie cruelle de la pièce abandonnée sur la table.)

Par saint Georges, mylord, il n'aura pas été facile d'arracher cet arrêt à notre gracieux maître... Mais à présent, quoi qu'en pense Sa Majesté, Perkin Warbeck est irrévocablement perdu... Il ne sera détaché du pilori que pour monter à l'échelle...

L'ÉVÊQUE

Il serait piquant que la potence eût consommé le divorce des époux avant l'arrivée du bref pontifical. Mais ne craignez-vous pas que la mort de son incube ne jette notre belle possédée dans les bras de lord Dalyell ?

OXFORD

Il n'est pas possible de faire prendre le même chemin à celui-ci. D'ailleurs en le supprimant je le rendrais peut-être cher à Catherine et c'est contre le souvenir de deux amants que j'aurais à lutter. Non, tant qu'il vivra, ce noble Dalyell ne sera pas dangereux... Pour le moment courons au plus pressé, informons-nous de Lambert Simnel, apprenons-lui sa leçon. Puis, bonsoir, Perkin. Et à nous deux, la veuve Warbeck...

RIDEAU

QUATRIÈME ACTE

QUATRIÈME ACTE

Le carrefour de Tower Hill à Londres. Le pilori auquel on monte par plusieurs degrés. Une foule de curieux, femmes, apprentis, marins, précède le cortège du shériff, des constables et des bourreaux. Les massiers, les sergents d'armes et les estafiers du shériff écartent la cohue. Bousculades et huées.

SCENE Ire

PERKIN WARBECK, OXFORD, LAMBERT SIMNEL, LE SHÉRIFF, LES EXÉCUTEURS, LA FOULE

LES MASSIERS

Place! Place! Arrière marauds...

(Huées).

LE SHÉRIFF

Çà, bonnes gens, que l'on s'écarte! Laissez passer la justice du Roi Henri VII... Et maintenant qu'on amène le condamné. (Warbeck paraît, les mains liées ; il est vêtu d'un costume de tisserand, et par dérision on porte devant lui un cartel où figurent les attributs de son métier. Les huées après avoir redoublé à son approche s'éteignent bientôt en un murmure de compassion et de sympathie provoqué par la bonne mine du prétendant.) Allons, vous autres! (aux exécuteurs) faites votre office!

L'EXÉCUTEUR (à Perkin)

Bien des regrets, mon garçon, mais il nous faut passer par là! (à ses aides :)Ouvrez le carcan! .. Là!... Au tour de la ceinture. Cerclez-lui les cuisses avec ces anneaux... Bien ! A présent entravez les pieds !... Voilà qui est fait!

(Warbeck a été mis au pilori par le bourreau et ses aides. Il est adossé à un poteau surmonté d'un écriteau d'infamie; il a le cou pris dans une sorte de garrot, la ceinture, les jambes et les chevilles également serrées dans des demi-cercles de fer. La tête est plus belle que jamais, extatique, transfigurée: le soleil l'éclaire. Silence solennel. Entrent Lambert Simnel et le comte d'Oxford. Le premier après avoir reçu sa consigne du second s'approche du pilori dont il fait le tour en narguant et toisant le supplicié; Oxford se mêle à la foule, mais de façon à ne rien perdre de ce qui va se passer.)

LAMBERT SIMNEL

Voilà donc, Perkinet, mon bel ami, en quelle posture t'a réduit ton équipée encore plus sotte qu'exécrable. C'est le moment de t'amender. Dépêche-toi si tu ne veux encourir un traitement plus cruel. A quoi bon t'obstiner? Ton identité est désormais établie, ton illustre lignage a été proclamé, ton imposture éclate à tous les yeux. Exploitant la religion des bonnes âmes, toi qui te donnais effrontément pour l'infortuné prince Richard d'York, tu t'appelles Perkin Warbeck et tu n'es que le fils d'un artisan, d'un juif, d'un renégat... Songe, Perkinet, à la mort amère que tu feras si tu prolonges ton impénitence... Tu es jeune, la nature t'a traité en favori, une série de jours radieux s'ouvrait pour toi... Dans ces conditions tu dois tenir à la vie. Il serait dur de t'en aller déjà! Et par quel chemin? Te représentes-tu l'horrible contact du chanvre, qui va serrer encore plus fort que ce carcan ton cou potelé comme celui d'une fille, et qui te fera presque cracher ta langue menteuse et félone! Cette seule perspective me fait frissonner pour ta pauvre chair, ta chair encore si fraîche et si friande, ton corps, le bienvoulu des ribaudes et qui semblait voué pour longtemps à d'autres étreintes que celles de la corde d'infamie!... Je t'adjure une dernière fois, Perkin. Avoue ton crime, renie ton passé!... Ecoute, moi qui te parle, je t'avais précédé dans la voie scélérate. Autrefois je me fis aussi passer pour un prince royal, moi dont les veines roulaient un sang aussi vil que le tien! Mais, pas plus que toi je ne parvins à tenir tête au roi légitime et je finis par tomber en son pouvoir. Or vois jusqu'à quel point ce prince a poussé la magnanimité. Touché par mon repentir, au lieu de me livrer au gibet, non seulement il m'accorda la vie, mais il m'attacha à sa personne et me combla de biens et de faveurs! Voilà comment se venge le noble Henri, le puissant roi contre lequel tu t'es soulevé. Puisse mon exemple t'édifier complètement sur ce qu'il te reste à faire. N'est-ce pas que tu n'es qu'un misérable serf des Flandres?

WARBECK

Me prends-tu pour un de tes semblables? Tu te prélasses parmi les valets de l'usurpateur ! Moi je préfère mourir en publiant à la face de tout l'univers, mon nom, mon titre et mes droits, moi Richard IV, roi d'Angleterre.

(Mouvement favorable à Warbeck dans la foule.)

APPRENTIS.

Il a raison !

LAMBERT SIMNEL (à Oxford)

Vous le voyez, monseigneur, il n'y a rien à tirer de notre homme, et, vu les dispositions du populaire, il serait peut-être dangereux de prolonger le débat.

OXFORD (avec dépit)

Aurait-il vent du piège que nous lui tendons !... Allons, partie remise ! Il s'agit de trouver autre chose (au shériff :) En attendant qu'il plaise au roi très chrétien d'envoyer ce prisonnier à Tyburn, ordonnez qu'on le ramène à la Tour.

(Tandis que sur les instructions du shériff les exécuteurs se sont mis en devoir de détacher Warbeck du pilori et qu'il est libéré de ses entraves, Catherine Gordon se fraye un passage à travers la cohue et suivie de Dalyell qui essaye de la retenir, elle se précipite sur le pilori avec un grand cri où la douleur se mêle à la joie.)

SCÈNE II

LES PRÉCÉDENTS, CATHERINE, DALYELL

CATHERINE

O mon époux... ô mon roi, je te retrouve enfin!

WARBECK

Catherine!... tu m'aimes encore!

CATHERINE

Encore! Il me semble seulement que je commence à t'aimer!

WARBECK

Tu m'es restée fidèle!

CATHERINE

Je n'ai cessé de vivre pour toi!

WARBECK

Me faudra-t-il regretter la vie!

OXFORD (qui s'interpose pour les séparer)

Madame!... La honte de ce gueux va vous éclabousser!

DALYELL

Oui, chère dame, éloignez-vous... Pareil spectacle outrage vos sentiments...

CATHERINE (n'ayant de regards que pour Warbeck, et se détournant à peine vers les autres)

Laissez-moi! Nul ne m'empêchera d'embrasser mon époux...

LA FOULE (apitoyée)

Son époux.

D'AUTRES VOIX

La princesse Catherine!

CATHERINE (avec force, en promenant un regard superbe autour d'elle)

La reine Catherine! La femme de Richard IV, roi d'Angleterre!

APPRENTIS ET FEMMES

Vive Richard IV!

LAMBERT SIMNEL (à Oxford)

Voilà ce que je craignais.

APPRENTIS

Aux gourdins!

CATHERINE

Oh, mon bien-aimé seigneur, je viens réclamer ma part de tes supplices! (à la foule :) A moi, braves gens! Vous nous réunirez, n'est-ce pas?

VOIX

Oui!... Oui!... Aux gourdins!

(Bousculades.)

CATHERINE (aux bourreaux)

Vous voudrez bien m'attacher auprès de lui? (à Warbeck) Cher époux... Pardonne-moi ma longue absence... Ils me retenaient loin de toi!

WARBECK

Catherine, sois bénie !... L'opprobre m'accablait, tu me rends l'orgueil. Je me glorifie de la honte que Richmond prétendait m'infliger ! puisqu'elle fut l'occasion de cette suprême preuve d'amour que tu me donnes, ô femme sublime !... Mon Dieu, ne pourrai-je verser des larmes ou me faudra-t-il étouffer de gratitude et de joie !... Allez, valets (s'adressant à Oxford et à Simnel, qui se tiennent à l'écart) mandez à votre maître que le geste de cette noble femme le dépouille de tout le fruit de son triomphe. Dites-lui bien que je le brave et que c'est moi qui le somme d'abdiquer...

OXFORD

Te tairas-tu, vermine !... Holà, vous autres ! (aux bourreaux et aux estafiers stupéfiés et ayant peine à contenir la foule houleuse et agressive) Qu'attendez-vous pour le ramener en prison ? (à Catherine :) Madame, au nom de votre père, arrêtez ces déplorables épanchements ! Oubliez-vous qui vous êtes ?

CATHERINE

Qui je suis, Oxford ? Ne te l'ai-je pas dit tout à l'heure ? Catherine Gordon, la femme de Richard IV, par la grâce de Dieu, roi d'Angleterre !

APPRENTIS

Oui! Oui! Vive le roi Richard! Sus aux bourreaux! (Les bourreaux ont toutes les peines à maintenir Warbeck, que les mutins menacent de leur arracher. Echauffourée. Dalyell s'efforce d'entraîner Catherine. Tout à coup survient un moine en costume de pèlerin, avec une forte escorte. Cette arrivée impose aux apprentis. Oxford se porte rapidement vers le moine.)

APPRENTIS

Rangeons-nous, c'est la livrée de monseigneur de Durham!

SCÈNE III

LES PRÉCÉDENTS, LE MOINE

OXFORD

Vous venez de la part de monseigneur? Et la nouvelle?

LE MOINE

Telle que vous l'espériez... J'arrive à l'instant de la Ville Eternelle et voici la réponse que Notre Saint Père le Pape fait à la demande de la princesse...

OXFORD (arrachant la bulle des mains du moine)

Assez ! Donne ! Peuple, le Ciel se déclare contre Perkin Warbeck ! Réjouissez-vous, madame (montrant Warbeck) Par ordre de Sa Sainteté cet homme ne vous est plus rien !

CATHERINE

Tu mens, Oxford !... Il est tout pour moi, au contraire...

OXFORD

Malgré les foudres de l'Eglise ?

CATHERINE

Rien ne me détachera de lui !

OXFORD

Mais tu n'es plus sa femme...

CATHERINE

Je le demeure par la vertu indélébile du Sacrement !

LE MOINE

N'avez-vous pas réclamé le divorce auprès du Saint Père ?

CATHERINE

Le divorce? Moi? Apprends que s'il existait une loi pour me séparer de lui, ne pouvant plus être sa femme, je me contenterais d'être sa concubine à la face de la terre et du Ciel!... Mais non, jamais Dieu ne tranchera le lien qu'il a noué lui-même! Et c'est à Dieu que j'en appellerais, de l'arbitraire du chef de la chrétienté!

LE MOINE

Malheureuse femme! Elle blasphème!

(Murmures en sens divers dans la foule partagée entre sa terreur religieuse et ses sympathies.)

CATHERINE (ne s'occupant que de Warbeck qu'elle a rejoint et dont elle a saisi les mains)

Nul ne nous séparera désormais. Je veux ma place sur ton banc d'infamie, comme j'aurais partagé ton trône, mon noble roi martyr et comme je partageai ta couche, mon beau seigneur, mon doux Richard... Etreignons-nous dans la mort, comme dans la vie!...

WARBECK

Ah, trop bienfaisante Catherine!... Tu m'accables de félicité!...

LE MOINE

Madame... Répudiez cet imposteur sacrilège...

OXFORD

Obéissez au vicaire de Dieu!

CATHERINE

Jamais!... Vois, comme je le répudie!

(Elle s'est jetée au cou de Perkin et lui fait un collier de ses bras.)

WARBECK (avec une émotion croissante)

Non!... C'en est trop... Je n'ai pas mérité tant de gloire et de délices!... Catherine!... Madame!... Ecoutez ce courtisan et ce prêtre... Ils ont raison... Détournez-vous d'un misérable... Vivez!... Soyez longtemps encore l'ornement et la consolation de ce pauvre monde!... Vous m'avez ouvert le Ciel et je n'attends plus rien ici-bas... Je meurs heureux, béatifié... Lord Dalyell, éloignez-là!...

CATHERINE (s'attachant à lui)

Quoi, ingrat!... Tu te ligues avec eux! Moi, je veux rester tienne, entends-tu! Et au besoin malgré toi-même! Qui parle encore de nous séparer?... Dites, en faut-il davantage pour vous convaincre? Et toi, méchant, songeais-tu sérieusement à t'en aller sans moi? Ecoute plutôt, mon aimé, une dernière prière de ta compagne... Tu ne me refuseras pas un suprême gage d'amour!... Je te demande, j'exige un dernier baiser... Tes lèvres, ô mon Richard!...

WARBECK (cédant et l'embrassant avec frénésie)

Ah... chère... chère femme!... Qu'il m'eut été doux d'expirer sur ta bouche!... Mais l'empreinte de tes lèvres sera mon onction, mon viatique...

CATHERINE

Par ce baiser sacré, que nous venons d'échanger, je jure de te demeurer fidèle sur cette terre, à travers la mort et dans l'éternité!

OXFORD

Songez que la corde attend ce malandrin!

LE MOINE

Et que l'enfer guette cet anathème !

DALYELL

Non! Dieu ne damnerait un tel amour !

CATHERINE

Un malandrin!... Un anathème! Oxford, tu outrages la majesté royale, et toi, prêtre, tu interdis un saint! Ah, je suis fière de lui, je me réjouis de porter son nom! Nous nous suivrons de près, ô mon maître... oh, mon roi!

WARBECK (en proie à un grand trouble, sa crise morale va se résoudre)

Ton roi, dis-tu Catherine... seulement ton roi?...

CATHERINE

Mon Richard adoré! Mon royal époux!...

WARBECK (solennel, pantelant)

Catherine Gordon... princesse de sang... cousine d'un

roi tu ne pleurerais point la couronne que je me flattais de poser sur ton front?...

CATHERINE (avec exaltation, commençant à comprendre ce qui se passe en Warbeck)

Que me fait la couronne? Je ne tiens qu'à toi, je ne pleurerais que toi durant les quelques instants qu'il me faudrait te survivre!

WARBECK

Et tu ne pleurerais pas le roi?

CATHERINE

Ne nous inquiétons plus d'une vaine majesté. Richard, mon beau prince, tu me suffis!

WARBECK

C'est donc que tu m'aurais chéri.. pauvre,... obscur?...

CATHERINE

Je t'aime.

WARBECK

Indigne... coupable ?...

CATHERINE

Je t'aime !

WARBECK

Si je n'étais pas celui qu'on a dit... si je n'étais pas le fils d'Edouard ?

(Sensation.)

OXFORD (tendant l'oreille)

Va-t-il se passer lui-même la corde au cou ?

DALYELL

Où veut-il en venir ?

(Profonde anxiété dans la foule.)

LES APPRENTIS

Ecoutez !... Ecoutez !

SCÈNE V

LES PRÉCÉDENTS, L'ÉVÊQUE DE DURHAM

L'ÉVÊQUE DE DURHAM (qui est entré et qui, se tenant à l'écart, a assisté à une partie de la scène qui précède)

Se peut-il? Il se trouble. Va-t-il se confesser?

WARBECK

Hélas! Un mystère pesa jusqu'à présent sur ma naissance... Catherine, je doutais toujours, je doute encore de moi-même... Peut-être ces grossiers habits sont-ils ceux de ma caste et ne suis-je, à ce que ces seigneurs prétendent, que le fils d'un infime artisan, comme vous autres, mes amis ? (aux apprentis).

LES APPRENTIS

Tant mieux! Voilà notre homme!

CATHERINE

Et quand tu le serais!... Encore une fois qui que tu sois, je t'aime. M'entendras-tu enfin? J'aime Perkin Warbeck!

WARBECK

L'imposteur! Le faux Richard IV!

CATHERINE

Oui le criminel... l'imposteur! (Elle tombe dans ses bras.)

WARBECK (exalté)

Miracle!... Je vois clair! Ma mère ne maudira plus son enfant!... L'équivoque s'est dissipée!... L'amour de ma Catherine sera mon salut. Je vis, je respire, je suis réconcilié. Catherine m'aime tel que je suis, moi le pauvre ouvrier, le prince pour rire... Oh tout éclat pâlirait à côté de cette apothéose... Aussi j'abdique ma royauté, j'abjure mon erreur! Catherine aime le fils d'un tisserand!... Oui, peuple, écoutez tous, je ne suis point votre roi, je suis plus grand, bien mieux. Je suis l'élu de la meilleure des femmes!

L'ÉVÊQUE (se portant en avant)

Dieu m'éclaire à mon tour et m'apprend mon devoir. Cet homme ne fut que l'instrument loyal de la perfide duchesse de Bourgogne. Il se repent. Le Ciel lui pardonne!

OXFORD

Vous, Monseigneur!...

L'ÉVÊQUE

Je suis venu à temps pour absoudre un pécheur; non, pour bénir un juste.

OXFORD

A votre aise! Je vous laisse son âme, mais à nous sa carcasse. Il avoue! Nous le tenons!... Peuple, vous avez bien entendu! (murmures de pitié). Monsieur le shériff, voici l'ordre du roi. Inutile de surseoir à l'exécution.

(Il déplie l'arrêt de mort et le remet au shériff qui le reçoit en s'inclinant; Perkin et Catherine se tiennent embrassés, indifférents à tout ce qui les entoure, déjà ravis au ciel.)

LE SHÉRIFF (aux exécuteurs)

Et à présent, mes compères, au gros œuvre!

L'EXÉCUTEUR (mettant la main sur l'épaule de Warbeck qu'il arrache à son extase)

L'ami, si vous le voulez bien, nous nous mettrons en

route pour arriver avant le coucher du soleil (à ses aides :) Ceci nous épargne un second voyage!...

DALYELL

Infortuné Warbeck!... Tu t'es perdu!... Mais je t'estime sans réserve à présent. Tu t'es trompé, tu fus de bonne foi. Ta main! Et bon courage!

SCÈNE VI

LES PRÉCÉDENTS, LORD HUNTLEY

LORD HUNTLEY

Et moi je te pardonne, Perkin!... Catherine, tu sais combien je répugnais à ton union avec cet homme. Sa loyauté vient de l'anoblir. Dans mes bras mon fils... (Il donne l'accolade au patient.) Ma fille, sois fidèle à Perkin Warbeck... Ses derniers moments l'ont rendu digne de toi!

CATHERINE (éperdue)

Digne de moi, mon père! Ah, c'est à peine si je suis digne de lui! Oui, Perkin, tu as bien fait. Ta

Catherine... Catherine Warbeck est plus fière de toi que jamais! (Les aides du bourreau entourent Perkin et l'entraînent sur un geste impérieux du comte d'Oxford. La foule, redevenue houleuse et menaçante, est repoussée et maintenue.) Mon Perkin... mon époux... je te rejoins, je m'évade à ta suite!

(Elle défaille dans les bras de Huntley et de Dalyell qui l'ont retenue.)

LES APPRENTIS

C'est le moment! A sa rescousse!

(Ils se précipitent sur les pas du cortège.)

SCÈNE DERNIÈRE

LES PRÉCÉDENTS: MOINS PERKIN, LES BOURREAUX, LES ESTAFIERS ET LES APPRENTIS

OXFORD

Elle est à moi! (à Dalyell et Huntley :) Mylords, le roi attend madame Catherine au palais...

DALYELL et HUNTLEY (après avoir interrogé la pâleur et la rigidité de la jeune femme)

Non!... Le Roi des Rois!

OXFORD

Morte !

L'ÉVÊQUE (imposant une main au-dessus de la morte et l'autre tendue vers Tyburn, où se rend le condamné)

Perkin et Catherine Warbeck, soyez unis dans le Ciel comme sur la terre !

(RIDEAU)

www.ingramcontent.com/pod-product-compliance
Ingram Content Group UK Ltd.
Pitfield, Milton Keynes, MK11 3LW, UK
UKHW020248180726
13839UKWH00001B/242

9 782329 547978